KURZE EINFÜHRUNGEN
IN DIE GERMANISTISCHE LINGUISTIK

Band 3

Herausgegeben von
Jörg Meibauer
und
Markus Steinbach

MONIKA RATHERT

Sprache und Recht

Universitätsverlag
WINTER
Heidelberg

Bibliografische Information der Deutschen Nationalbibliothek

Die Deutsche Nationalbibliothek verzeichnet diese Publikation
in der Deutschen Nationalbibliografie;
detaillierte bibliografische Daten sind im Internet
über *http://dnb.d-nb.de* abrufbar.

ISBN 978-3-8253-5233-2
ISBN 3-8253-5233-1

Imprimé en Allemagne · Printed in Germany
Druck: Memminger MedienCentrum, 87700 Memmingen

Gedruckt auf umweltfreundlichem, chlorfrei gebleichtem
und alterungsbeständigem Papier

Den Verlag erreichen Sie im Internet unter:
www.winter-verlag-hd.de

www.kegli-online.de

Vorwort

Die zahlreichen Schnittstellen von Rechtswissenschaft und Sprachwissenschaft werden in diesem Buch allgemein verständlich erläutert und an konkreten Fallstudien demonstriert. Dabei spielt die Vielfalt der sprachwissenschaftlichen Ansätze eine besondere Rolle: Diskursanalyse, Rhetorik, Logik, Phonetik und vieles mehr. Neue und aktuelle Aspekte betreffen u.a. das EU-Rechtssystem sowie den Beitrag der Informationstechnologie für die Rechtswissenschaft.

Dieses Buch ist für Studenten der ersten Semester geeignet, es setzt keine Kenntnisse in Linguistik und Rechtswissenschaft voraus. Es wendet sich gleichermaßen an Juristen und Linguisten, die sich für dieses Schnittstellenthema ihrer Wissenschaften interessieren. Jedem Kapitel sind Aufgaben zugeordnet; Lösungsvorschläge kann der Leser auf www.kegli-online.de einsehen. Kommentierte Hinweise auf weiterführende Literatur stehen am Ende jedes Kapitels. Am Ende des Buches ist eine Auswahl an Literatur angegeben, eine umfangreichere Bibliographie ist auf der kegli-Seite zu finden. Im Buch kommen zahlreiche Hyperlinks vor. Der Leser kann sich das Abtippen der Adressen ersparen, indem er die kegli-Seite aufsucht; dort sind alle Links nach Kapiteln geordnet zu finden.

An dieser Stelle möchte ich den Reihenherausgebern Jörg Meibauer und Markus Steinbach danken, die mich hervorragend betreut und in allen kleineren und größeren Fragen kompetent beraten haben. Ohne das Team von Maximilian Herberger (Saarbrücker Institut für Rechtsinformatik) und ohne Stephan Walter (Saarbrücker Computerlinguistik) wäre mir die informationstechnologische Dimension des Themas nicht klar geworden – an dieser Stelle möchte ich mich für ihre freundliche Unterstützung bei Kapitel 5 bedanken. Für hilfreiche sprachlich-linguistische Kommentare zum Manuskript danke ich herzlich: Sarah Cieslik, Ulrike Demske, Günther Grewendorf, Hardy Henn, Michael Jessen, Jörg Meibauer, Stella Neumann, Tinka Reichmann, Markus Steinbach, Stephan Walter, Tobias Weller, Jenny Winnen; für sprachlich-rechtswissenschaftliche Kommentare danke ich Thomas Gergen, Martin Kerz, Tinka Reichmann, Klaas Schmidt, Iris Speiser.

Dieses Buch ist Günther Grewendorf gewidmet, der mir während meiner Tätigkeit an der Universität Frankfurt das Thema ‚Sprache und Recht' nahe gebracht hat und ohne den es diese Einführung nicht gegeben hätte.

Inhaltsverzeichnis

1. Einleitung 1
1.1 Fälle aus der Praxis 1
1.2 Gliederung dieses Buches 5

2. Rechtssprache und Rechtstheorie 7
2.1 Rechtssprache 7
2.2 Rechtstheorie 14
2.3 Zusammenfassung 23

3. Kommunikation vor Gericht 24
3.1 Die Gerichte 24
3.2 Strafprozesse: Ablauf und Maximen 30
3.3 Zusammenfassung 39

4. Kriminalistik 40
4.1 Gesprochene Sprache: Sprechererkennung 40
4.2 Geschriebene Sprache: Autorenerkennung 51
4.3 Zusammenfassung 57

5. Informationsmanagement im Recht 58
5.1 EDV und Internet im Recht 59
5.2 Juristische Expertensysteme 66
5.3 Zusammenfassung 73

6. Übersetzen und Dolmetschen im juristischen Kontext 74
6.1 Übersetzen und Dolmetschen an deutschen Gerichten 75
6.2 Juristische Dimensionen der EU-Mehrsprachigkeit 82
6.3 Zusammenfassung 86

7. Initiativen im Bereich ‚Sprache und Recht' 87

Literatur 95

Glossar 98

Sachregister 99

1. Einleitung

Das Recht vermittelt sich über eine sprachliche Form. Diese ist teilweise eine sprachlich-mündliche, etwa in Gerichtsverhandlungen, teilweise eine sprachlich-schriftliche in Gestalt von Gesetzen oder Verordnungen. Rechtsstreit und Rechtsfindung sind sprachlich vermittelte Verfahren, die sich an Texten orientieren und zu neuen Texten, beispielsweise Entscheidungen oder Urteilen, führen. Die sprachliche Form dieser Texte ist entscheidend: Sprache gestaltet – ob der Embryo *werdendes Leben* oder *menschliches Leben* ist, hat Konsequenzen für seinen Rechtsschutz.

Dennoch hört der Student der germanistischen Linguistik selten etwas über den Zusammenhang von Sprache und Recht. Studiengänge mit einem entsprechenden Schwerpunkt sind rar, weder in der theoretischen noch in der angewandten Linguistik gehört ‚Sprache und Recht' zum üblichen Lehrkanon. So verwundert es nicht, dass es keine einzige deutsche Einführung in das Gebiet gibt; dieses Buch ist die erste. Im anglo-amerikanischen Raum hingegen hat *forensic linguistics* eine lange Tradition in Forschung und Lehre.

Aufgabe 1: Googeln Sie mit folgender Eingabe: *Linguistik Modul "Forensische Linguistik"*. Wo kann man in Deutschland forensische Linguistik studieren?

Die Mehrheit der englischen Einführungen konzentriert sich aber auf Teilaspekte von ‚Sprache und Recht', meist sind dies Kriminalistik und Kommunikation vor Gericht. Die Bedeutung dieser Themen soll nicht geleugnet werden, das Ziel dieses Buches ist allerdings ein umfassenderes. Welche Hauptarbeitsfelder bei ‚Sprache und Recht' zu sehen sind und wie diese Einführung sie behandelt, wird in Abschnitt 1.2 dargestellt. Vorher werfen wir noch einen Blick auf die alltägliche Arbeit des forensischen Linguisten.

1.1 Fälle aus der Praxis

Was kann ein Linguist in der Praxis für den Juristen leisten? Betrachten wir konkrete Fälle. Ein Unternehmen im Ruhrgebiet wird erpresst, folgender Brief liegt vor (Dern 2003:55ff.):

AN DIE
GESCHÄFTSLEITUNG IHRES UNTERNEHMENS
[redacted]

FAX 000 49 [redacted]

DAMEN UND HERRN.

WENN SIE DIESE ZEILEN IHREN FAXGERÄT ENTNOMMEN HABEN.EMPFEHLEN
WIR IHNEN DIESE AUFMERKSAM ZU LESEN UND VORALLEM SEHR.SEHR ERNST
ZU NEHMEN.DENN WIR SIND KEINE "DAGOBERTS" ODER SONSTIGE ANFÄNGER
UND WIR MACHEN KEINE WITZE.
WIR SIND EINE ORGANISATION DIE WELTWEIT TÄTIG IST,ABER IM PRINZIP
GEWALT IN JEGLICHER FORM ABLEHNT.SOLLTE MAN UNS JEDOCH ZUR GEWALT
ZWINGEN.HABEN WIR KEINE ANDERE WAHL WIE GEWALT ZUR VERWIRKLICHUNG
UNSERER ZIELE ANZUWENDEN.
WIR WOLLEN VON IHNEN NUR GELIEHEN FÜR EINEN ZEITRAUM VON 2 JAHREN
DEN BETRAG VON DM 1 MILLION. NACH UNSEREN UMFANGREICHEN INFORMATIONEN
FÄLLT EINEN UNTERNEHMEN WIE DAS IHRIGE DIES NICHT ALZU SCHWER.
WIR WOLLEN DIESES GELD WIE BEREITS ERWÄHNT NICHT GESCHENCKT HABEN.
SONNDERN ES WIRKLICH ZURÜCK ZAHLEN AN SIE.
WEITERHIN WOLLEN XXXXX WIR DAS GELD NICHT IN EINEN VOLLEN CASH
BETRAG,SONDERN IN FORM VON ZWEI GUTEN,INTERNATIONAL AKTZEPTIERTEN
KREDITKARTEN ZUR VERWENDUNG AN WELTWEITEN GELDAUTOMATEN.
ALS KREDITKARTEN STELLEN WIR UNS VOR Z.B. MASTERCARD,VISACARD.
DIE KARTEN SIND OHNE NAMEN DES KONTOINHABERS GEDRUCKT,SONDERN NUR
KREBITKARTENNUMMER UND KONTONUMMER.
WICHTIG IST DAS BEIDE KARTEN DIE HÖCHSTMÖGLICHE AUSZAHLUNG AM
GELDAUTOMATEN PRO TAG HABEN,BIS BEIDE KARTEN BIS ZUM GESAMTBETRAG
VON DM 1 MIO. VERBRAUCHT WORDEN,DANACH VERLIEREN BEIDE KARTEN
IHRE GÜLDIGKEIT FÜR UNS UND KÖNNEN VERNICHTET WERDEN.
DAMEN UND HERRN UND BITTE ALLES OHNE TRICKS Z.B. SPERRUNG DER KARTEN
VORFRISTIG U.S.W. ODER ÄHNLICHE DINGE. DIE KREDITKARTEN SOLLEN
NUR MIT ENTSPRECHENDER GEHEIMZAHL AN UNS GELIEFERT WERDEN.
DA SIE DAMEN UND HERRN,DAS ALLES NICHT UNBEDINGT FREIWILLIG TUN
WERDEN FÜR UNS,HIER UNSER ACTIONSPLAN,FALLS SIE UNS NICHT HELFEN
WOLLEN.
WIR WOLLEN DIE KREBITKARTEN INCL. DER ENTSPRECHENDEN GEHEIMZAHL
BIS SPÄTESTENS MITTWOCH 25.10.[redacted] AUS SICHERHEITSGRÜNDEN AN
EINE ANONYME ADRESSE ;DIE WIR IHNEN NOCH NENNEN WERDEN GESCHICKT
HABEN,B.Z.W. GELIEFERT HABEN, PER DHL-WORLDWIDEEXPRESS.
IM STANDARTUMSCHLAG VON DHL - EXPRESS SOLLTE FOLGENDES ENTHALTEN
SEIN , EIN NORMALER VERSIEGELTER BRIEFUMSCHLAG MIT DEN KREDITKARTEN
UND DER GEHEIMZAHL,EINE ORIGINALRECHNUNG ÜBER DEN VOLLEN BETRAG
INCL. ZINSEN FÜR ZWEI JAHRE,ANGABE DER BANKVERBINDUNG WOHIN DAS
GELD SOLL NACH ZWEI JAHREN,SOWIE ENTSPRECHENDES PROSPEKTMATERIAL
IHRER FIRMA. SIE DEKLARIEREN ALLES BEI DHL-WELTWEIT EXPRESS
VERSANT IN DEUTSCHLAND ALS GESCHÄFTSPOST/DOCUMENTE.
SOLLTE DIE GESAMTE POST PER DHL NICHT BIS ALLERSPÄTESTENS
AM DONNERSTAG MORGEN 26.10.[redacted] AM ZIELORT SEIN,GIBT ES DIE ERSTE
ACTION/ANSCHLAG AUF EINE IHRER FILIALEN,WAS WIR WIRKLICH NICHT
WOLLEN,ABER SIE WERDEN DANN SEHEN,DAß WIR KEINE WITZE MACHEN
WENN MAN UNS DAZU ZWINGT. WEITERE ACTIONEN WERDEN DANN SCHLAG AUF
SCHLAG FOLGEN OHNE VORWARNUNGEN.DIES GESCHIEHT ALLES NUR,WENN
SIE NICHT FREIWILLIG BEREIT SIND FRIEDLICHE WEGE ZU GEHEN,OHNE
GEWALT.

Abbildung 1: Ausschnitt aus einem Erpresserbrief (Dern 2003:74)

Die örtliche Polizei hat nur dieses Schreiben, an dem keine Fingerabdrücke und keine Sekretspuren zu finden sind. Die einzige Spur zum Täter ist die Sprache.

Die Polizei beantragt beim Bundeskriminalamt (BKA) eine linguistische Analyse. Die sprachwissenschaftliche Abteilung des BKA stellt u.a. Folgendes fest:

(1) a. eine große Unsicherheit in der Orthografie, insbesondere
- in der Konsonantenverdoppelung
- in der Getrennt-/Zusammenschreibung

b. Fehlen von Leerzeichen nach Kommas

c. *k* wird fälschlicherweise in Fremdwörtern durch *c* ersetzt

d. Fehler beim Dativ

e. Fehler bei *t* und *d* – es wird geschrieben, wie gesprochen wird

Mit diesen Befunden kann ein Profil des Täters entworfen werden: ein älterer Deutscher aus Hessen, Thüringen oder Sachsen, in keinem schreibenden Beruf tätig, geringe Bildung. Der Leser wird in Kapitel 4 lernen, wie man von Befunden wie denen in (1) zu einem so konkreten Täterprofil kommt. Im nächsten Schritt wird die BKA-Datenbank auf Schreiben mit ähnlichen Merkmalen wie den in (1) genannten durchsucht. Man wird fündig:

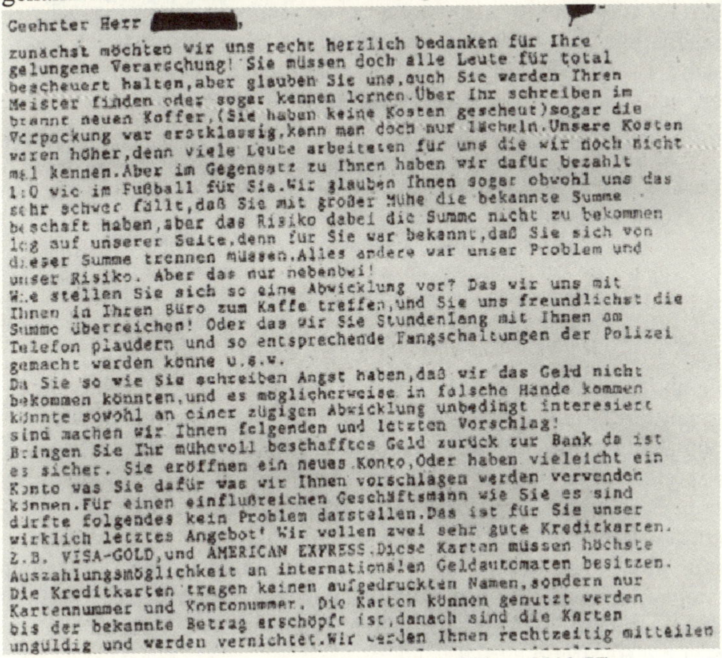
Geehrter Herr [redacted],
zunächst möchten wir uns recht herzlich bedanken für Ihre
gelungene Verarschung! Sie müssen doch alle Leute für total
bescheuert halten,aber glauben Sie uns,auch Sie werden Ihren
Meister finden oder sogar kennen lernen.Über Ihr schreiben im
brannt neuen Koffer,(Sie haben keine Kosten gescheut)sogar die
Verpackung war erstklassig,kann man doch nur lächeln.Unsere Kosten
waren höher,denn viele Leute arbeiteten für uns die wir noch nicht
mal kennen.Aber im Gegensatz zu Ihnen haben wir dafür bezahlt
1:0 wie im Fußball für Sie.Wir glauben Ihnen sogar obwohl uns das
sehr schwer fällt,daß Sie mit großer Mühe die bekannte Summe
beschaft haben,aber das Risiko dabei die Summe nicht zu bekommen
lag auf unserer Seite,denn für Sie war bekannt,daß Sie sich von
dieser Summe trennen müssen.Alles andere war unser Problem und
unser Risiko. Aber das nur nebenbei!
Wie stellen Sie sich so eine Abwicklung vor? Das wir uns mit
Ihnen in Ihren Büro zum Kaffe treffen,und Sie uns freundlichst die
Summe überreichen! Oder das wir Sie Stundenlang mit Ihnen am
Telefon plaudern und so entsprechende Fangschaltungen der Polizei
gemacht werden könne u.s.w.
Da Sie so wie Sie schreiben Angst haben,daß wir das Geld nicht
bekommen könnten,und es möglicherweise in falsche Hände kommen
könnte sowohl an einer zügigen Abwicklung unbedingt interesiert
sind machen wir Ihnen folgenden und letzten Vorschlag!
Bringen Sie Ihr mühevoll beschafftes Geld zurück zur Bank da ist
es sicher. Sie eröffnen ein neues Konto,Oder haben vieleicht ein
Konto was Sie dafür was wir Ihnen vorschlagen werden verwenden
können.Für einen einflußreichen Geschäftsmann wie Sie es sind
dürfte folgendes kein Problem darstellen.Das ist für Sie unser
wirklich letztes Angebot! Wir wollen zwei sehr gute Kreditkarten.
z.B. VISA-GOLD,und AMERICAN EXPRESS.Diese Karten müssen höchste
Auszahlungsmöglichkeit an internationalen Geldautomaten besitzen.
Die Kreditkarten tragen keinen aufgedruckten Namen,sondern nur
Kartennummer und Kontonummer. Die Karten können genutzt werden
bis der bekannte Betrag erschöpft ist,danach sind die Karten
unguldig und werden vernichtet.Wir werden Ihnen rechtzeitig mitteilen

Abbildung 2: Ausschnitt aus einem Erpresserbrief (Dern 2003:77)

Neben den in (1) genannten Merkmalen gibt es eine Reihe von inhaltlichen Übereinstimmungen, insbesondere hinsichtlich der Geldübergabe via Kreditkarten.

Aufgabe 2: Untersuchen Sie beide Briefe auf die Merkmale aus (1). Wo finden sie sich (Zeilenangaben)? Entdecken Sie weitere, hier noch nicht genannte Gemeinsamkeiten?

Das BKA vermutet, dass die beiden Schreiben denselben Autor haben, und meldet dies an die örtlichen Polizeistellen weiter. Es stellt sich heraus, dass der Autor des zweiten Textes bereits überführt ist: ein 1956 in Sachsen geborener Deutscher, der nach der Wende als Schlosser, Vertreter und Goldsucher gearbeitet hat. Dieser Befund ist kompatibel mit dem Täterprofil, das aufgrund der aktuellen Erpressung entworfen worden ist. So kommen die Ermittlungen zügig voran, die Erpressung im Ruhrgebiet kann aufgeklärt werden.

Die Linguisten des BKA erfüllen wichtige Spezialaufgaben, sind aber für das Gros der im forensischen Bereich tätigen Sprachwissenschaftler alles andere als repräsentativ. Meistens erstellen forensische Linguisten Gutachten in gerichtlichen Auseinandersetzungen, auch hierzu ein Beispiel (Kniffka 1981:584):

(2) Mitbewohner Y in einem Haus mit mehreren Eigentumswohnungen macht wiederholt briefliche Eingaben an den Hausverwalter, in denen er sich über Mitbewohner X beschwert. In den Briefen kommen Passagen vor wie (1) und (2):

(1) Herr X bzw. seine Konkubine haben wiederholt die Waschküche zu Zeiten benutzt, an denen es ihnen nicht zustand.

(2) Herr X und seine Konkubine haben wiederholt den Hund den Rasen vor dem Haus nässen lassen, so dass der Bewuchs auf Jahre hinaus gefährdet ist.

Die als Konkubine titulierte Frau Z erwirkt gerichtlich eine Unterlassungserklärung gegenüber Y, sie fühlt sich durch die Bezeichnung ‚Konkubine' beleidigt. Nun kommt die Linguistik ins Spiel: Y lässt ein linguistisches Gutachten erstellen, in dem argumentiert wird, ‚Konkubine' sei heute keine Beleidigung, sondern eine wertneutrale Bezeichnung. Mit diesem Gutachten geht Y in die Berufung, allerdings lässt auch Frau Z ein linguistisches Gutachten erstellen, in dem der Beleidigungsvorwurf argumentativ verfolgt wird. Das Gericht folgt weitgehend dem letzteren Gutachten und weist die Berufung zurück.

Beleidigungen, Verleumdungen, üble Nachrede – hierzu werden häufig Gutachten von Linguisten angefordert. Dabei geht es um die konnotative Bedeutung von Äußerungen: War ‚Konkubine' beleidigend gemeint? Es ist aber auch durchaus möglich, dass ein Rechtsstreit darüber geführt wird, ob eine Äußerung überhaupt stattgefunden hat. Hierzu ein weiterer Fall (French 1990):

(3) Durch Selbstinjektion einer Substanz ist eine Patientin gestorben, vorher hatte sie mit ihrem Arzt am Telefon gesprochen. Strittig ist nun, was der Arzt gesagt hat. Ein akustisch-phonetisches Gutachten soll klären, ob der Arzt am Telefon gesagt hat *You can inject those things* (wie von den Hinterbliebenen behauptet – durch die Injektion ist die Patientin gestorben) oder *You can't inject those things* (wie der Arzt behauptet – hätte sich die Patientin an diesen Rat gehalten, wäre sie am Leben geblieben).

Diese Fallbeispiele mögen die Bandbreite der praktischen Tätigkeiten von forensischen Linguisten andeuten – Details der forensischen Analyse werden in Kapitel 4 erläutert. Welche Hauptarbeitsfelder gibt es im Bereich ‚Sprache und Recht', und wie werden sie in dieser Einführung behandelt?

1.2 Gliederung dieses Buches

Die juristische Auslegungslehre ist so alt wie das Recht selbst. Was bedeutet ein Gesetz genau? In der Linguistik werden Fragen nach der Bedeutung von Wörtern und Sätzen in der Semantik behandelt. Man ging in der traditionell-klassischen Methodenlehre davon aus, dass die ‚richtige' Auslegung des Rechts nur ‚gefunden' oder logisch deduziert werden muss, wobei der Wortlaut des Gesetzes entscheidend ist. Diese Art der Auslegung setzt feste Wort-, Satz- und Textbedeutungen voraus. Ansätze aus der Rhetorik und auch die moderne linguistische Semantik teilen diese Idee der festen Bedeutung nicht und haben die Rechtsmethodologie sehr verändert. Da eine Skizzierung der juristischen Denkweise eine unabdingbare Voraussetzung für das Thema dieser Einführung ist, beschäftigt sich das folgende Kapitel 2 mit der ‚Rechtstheorie'. Ebenfalls beschäftigt sich Kapitel 2 mit der ‚Rechtssprache' als Fachsprache: Welche lexikalischen, syntaktischen und pragmatischen Spezifika konstituieren sie? Ein zentrales Problem der ‚Rechtssprache' ist ihre angebliche Unverständlichkeit. Diese ist an verschiedenen morphosyntaktischen Merkmalen festgemacht worden: Schachtelsätze, komplexe Nominalphrasen, Nominalisierungen etc. Es ist Aufgabe der Psycholinguistik, diese Merkmale näher zu untersuchen. Hierzu wird in Kapitel 2 neuere Forschung präsentiert.

Recht wird vor Gericht gesprochen; Transkripte von Verhandlungen waren ein nahe liegendes Arbeitsmaterial für die soziolinguistisch motivierte Diskursanalyse der 1970er und 1980er Jahre. Generell hat die Soziolinguistik ein Interesse an Kriminologie und damit an forensischer Linguistik, soweit es ihr um Korrelationen zwischen sozialer Herkunft, dem dieser Herkunft entsprechenden kommunikativen Verhalten und Kriminalität bzw. Umfang der Bestrafung geht. Welche Verständigungsprobleme ergeben sich in der Interaktion von Experten und Laien vor Gericht? Welche Rolle spielt die Schriftlichkeit von Recht (Akten, Schriftsätze etc.) im Prozess? Kapitel 3 leuchtet die ‚Kommunikation vor Gericht' bezüglich dieser Aspekte aus.

Das obige Beispiel des Erpressers hat bereits einen Einblick in die Autorenerkennung gegeben, die ein Teil der Kriminalistik ist. Hätte der Erpresser nicht die Schriftform gewählt, sondern zum Telefon gegriffen, wäre er ein Fall für die Sprechererkennung geworden. Kapitel 4 behandelt die Sprecher- und Autorenerkennung.

Die BKA-Datenbank mit Erpresserbriefen (und damit eine klassische EDV-Anwendung) wurde bereits erwähnt, aber darin erschöpft sich der Beitrag der EDV für die Forensik nicht. Rege Impulse gehen von der Künstlichen-Intelligenz-(KI) Forschung aus: Können beispielsweise die analogischen Denkmuster der Rechtsprechung für KI-Systeme nutzbringend modelliert werden? Der Beitrag der KI-Forschung für die Forensik ist immens und wird in Kapitel 5 behandelt.

Der Prozess der europäischen Einigung hat die Vielsprachigkeit in der EU und die unterschiedlichen Rechtssysteme der Mitgliedsstaaten einer breiten Öffentlichkeit zu Bewusstsein kommen lassen, weswegen dem Thema *Rechtssysteme-Sprachsysteme* in dieser Einführung ein eigenes Kapitel gewidmet ist (Kapitel 6).

Die folgende Darstellung spezifiziert, welche linguistischen Methoden für die einzelnen Kapitel relevant sind.

(4) a. Rechtssprache und Rechtstheorie (Kap. 2)
Fachsprachenforschung, Psycholinguistik, Semantik, Rhetorik
b. Kommunikation vor Gericht (Kap. 3)
Diskursanalyse, Gesprächsanalyse, Textlinguistik, Pragmatik
c. Kriminalistik (Kap. 4)
Phonetik, Akustik, Syntax, Morphologie, Orthografie
d. Informationsmanagement im Recht (Kap. 5)
Künstliche Intelligenz, EDV
e. Übersetzen und Dolmetschen im juristischen Kontext (Kap. 6)
Übersetzungswissenschaft, Terminologieforschung

Weiterführende Literatur: Einführungen zum Thema: Coulthard/Cotterill (2004), Gibbons (2005), Olsson (2004), Rieber/Stewart (1990), Robertshaw (1998), Shuy (1996). Hilfreich sind auch folgende Sammelbände: Grewendorf (1992), Kniffka (1990, 1996), Haß-Zumkehr (2002). Nützliche Bibliographien: Nussbaumer (1997), Levi (1994), Reitemeier (1985). Juristische Lexika und laiengeeignete Einführungen: Alpmann/Brockhaus (2004), Haft (1986), Wesel (2002) und Wesel (2006).

2. Rechtssprache und Rechtstheorie

„Die zehn Gebote sind deswegen so kurz und logisch, weil sie ohne Mitwirkung von Juristen zustande gekommen sind“ – diesem Bonmot von Charles de Gaulle können viele zustimmen. Viele lesen ungern, was Juristen schreiben, und viele verstehen es kaum.

Eine Einführung in ‚Sprache und Recht' kann an diesem Problem nicht vorbeigehen. Im ersten Abschnitt (2.1) geht es um die Rechtssprache an sich. Sie ist eine Fachsprache wie andere auch, beispielsweise die Fachsprache der Medizin. Für Fachfremde sind Fachsprachen meist schwer verständlich, und das gilt auch für die Rechtssprache. Das Instrumentarium der Linguistik erlaubt es, dieses Verständlichkeitsproblem zu konkretisieren und Verständlichkeit mit empirisch-experimentellen Methoden zu messen. Es ist eine reizvolle Aufgabe für die Linguistik, in Zusammenarbeit mit Juristen die Verständlichkeit von Rechtstexten zu optimieren.

In zweiten Abschnitt (2.2) wird ein Einblick in Grundzüge der Rechtstheorie vermittelt; nach welchen Methoden werden beispielsweise Gesetzestexte ausgelegt? Dabei wird der Beitrag der Linguistik zur Rechtstheorie stets im Blick behalten. Die Linguistik beschäftigt sich u.a. auch mit sprachlicher Bedeutung, bei deren Beschreibung die Logik eine große Rolle spielt; ebenfalls befasst sich die Linguistik mit der Kunst der Argumentation oder Rhetorik. Die Ansätze der Logik und Rhetorik haben die Rechtstheorie entscheidend geprägt und verändert.

2.1 Rechtssprache

Die Rechtssprache ist eine Fachsprache, also eine sprachliche Varietät, deren Funktion eine effektive Kommunikation über Belange des Fachs ist. Andere Fachsprachen sind beispielsweise die Sprache der Technik oder der Wissenschaft. Allerdings steckt hinter der Rechtssprache de facto mehr als hinter jenen anderen Fachsprachen: Dem Recht ist man unterworfen, an technischen oder wissenschaftlichen Diskursen nimmt man freiwillig teil. In einer Demokratie ist das Volk Träger der Staatsgewalt:

(5) Alle Staatsgewalt geht vom Volke aus. (Art. 20 II 1 GG)

Von der Trägerschaft ist die Ausübung der Staatsgewalt zu unterscheiden. Die Gewaltenteilung sieht dafür verschiedene Organe vor:

(6) Sie (die Staatsgewalt) wird vom Volke […] durch besondere Organe der Gesetzgebung, der vollziehenden Gewalt und der Rechtsprechung ausgeübt. (Art. 20 II 2 GG)

Wer sich der Sprache der Gesetze komplett verweigert, ist zwar immer noch qua Zugehörigkeit zum Volk Träger der Staatsgewalt, es kann aber gut sein, dass an ihm auch Staatsgewalt ausgeübt wird. Die Exekutive (die ‚vollziehende Gewalt' in (6)) kann in Gestalt von Polizei, Gerichtsvollzieher oder gar Haftanstalt sogar physischen Zwang ausüben. Diesen lebenspraktischen Umstand teilt die Sprache des Rechts mit keiner anderen Fachsprache. Wer Technik und Wissenschaft ignoriert, hat vielleicht Nachteile in Kauf zu nehmen, wer Gesetze ignoriert, wird bestraft. Wer die Fachsprache des Rechts versteht und beherrscht, hat also klare Vorteile im Alltag. Zu einem solchen Verständnis soll dieser Abschnitt beitragen.

Betrachten wir die Sprache des Rechts, als wäre sie eine exotische, uns völlig fremde Sprache. Wie ein Linguist fremde Sprachen beschreibt, kann man in sprachtypologischen (d.h. sprachvergleichenden) Büchern nachschlagen, beispielsweise in Comrie (1987). Es gibt im Wesentlichen folgende Beschreibungspunkte:

(7) a. Geschichte der Sprache
    b. typologische Einordnung
    c. Lexikon
    d. Phonologie und Orthografie
    e. Morphologie
    f. Syntax
    g. Dialekte und Varietäten

Hierzu vorab einige Erläuterungen. Bei der typologischen Einordnung einer Sprache (7b) steht die strukturelle Verwandtschaft von Sprachen im Vordergrund; so sind Sprachen wie das Deutsche und Englische enger verwandt als das Deutsche und das Französische, das zu den romanischen Sprachen gehört. Deutsch und Englisch gehören dagegen beide zur Sprachfamilie der germanischen Sprachen. Das Lexikon (7c) ist der Wortschatz einer Sprache, während die Morphologie in (7e) die Regeln des Aufbaus von Wörtern betreffen. Im (mentalen) Lexikon eines Sprechers ist z.B. das Wort *Jurastudium* abgespeichert, eine Regel der deutschen Morphologie ist, dass man ein Nomen oder Substantiv wie *Jurastudium* aus zwei Nomen bilden kann, hier *Jura* und *Studium.* Die Phonologie einer Sprache (7d) betrifft ihre lautliche Seite – wie werden die Wörter ausgesprochen? Die Orthografie (7d) beschäftigt sich mit der

Verschriftung der Wörter – oft ist diese von der Aussprache determiniert, man schreibt oft so, wie man spricht. Die Syntax einer Sprache (7d) ist ihr Satzbau.

Von diesen Punkten lassen wir die ersten beiden (7a,b) außer Acht, wiewohl auch die Rechtssprache natürlich ihre Geschichte hat und zu anderen Fachsprachen in Beziehung gesetzt werden muss. Der Leser wird am Ende des Kapitels auf einschlägige Literatur verwiesen. Varietäten der Rechtssprache (7g) sind die mündliche und die schriftliche Kommunikation, sie werden im nächsten Kapitel behandelt. Fachsprachentypisch ist die hohe Anzahl rechtsspezifischer Textsorten (z.B. Gesetz, Protokoll, Formular).

Phonologie und Orthografie der Fachsprache Recht (7d) sind identisch mit der des Standard-Deutschen, auch Juristen sprechen und schreiben nach den amtlichen Regeln Deutsch. Aber im Lexikon (7c) zeigen sich deutliche Abweichungen vom Standard-Deutschen. Der Wortschatz von Fachsprachen ist generell sehr differenziert ausgebaut, Fachsprachen haben eine je eigene Terminologie. In der Terminologiebildung gibt es drei Mechanismen, hier illustriert am Beispiel der linguistischen Terminologie:

(8) a. Präzisierung oder Umdeutung alltagssprachlicher Begriffe: *Stamm*
b. Neubildungen: *Herausstellungsstrukturen, Heckenausdruck*
c. Übernahmen aus Fremdsprachen: *scrambling, move-α*

Juristische Fachtermini nutzen ebenfalls diese Bildungsmechanismen. Für den Laien ist es oft irritierend, dass juristische Termini nicht im alltagssprachlichen Sinne zu verstehen sind. Wenn Marie ihrer Nachbarin drei Eier leiht, ist das juristisch gesehen kein Leihen. Denn bei der Leihe schuldet man die Rückgabe genau der entliehenen Sache (§ 604 I Bürgerliches Gesetzbuch, BGB) – das erwartet Marie aber nicht von der Nachbarin. Marie will drei Eier zurück – dies ist juristisch gesehen ein Darlehen, weil man dabei die Erstattung entsprechender Sachen in gleicher Menge schuldet (§ 607 I BGB).

Aufgabe 3: Ordnen Sie folgende juristischen Fachtermini den in (8) genannten Mechanismen der Terminologiebildung zu: *Duldung, Selbsthilfe, Unmöglichkeit, Besitzer, revision au fond, Gesamtgewinn, Entschuldigungsgrund.* Schlagen Sie dazu die Termini in einem juristischen Fachlexikon (z.B. Alpmann/Brockhaus 2004) nach.

Die Sprache des Rechts zeigt eine Abweichung vom Standard-Deutschen in der Morphologie (7d), die ebenfalls fachsprachentypisch ist: eine Häufung mehrgliedriger Komposita. Hier ein paar Beispiele: *Körperschaftssteuerdurchführungsverordnung, Nutzungsherausgabeanspruch, Selbstbestimmungsaufklärung*. Für den Laien stellt sich hier meist die Frage nach der Deutung der Komposita – ist der *Nutzungsherausgabeanspruch* nun ein *Anspruch* auf *Nutzungsherausgabe*? Dann sähe die morphologische Struktur wie in (9) links aus. Oder liegt ein *Herausgabeanspruch* auf *Nutzung* vor? Dann müsste die Struktur des Wortes wie in (9) rechts aussehen.

(9)

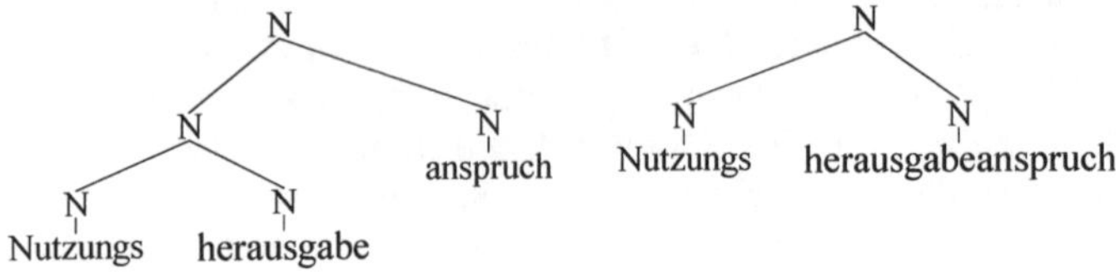

Über die korrekte Klammerung kann nur ein Jurist Auskunft geben, der die Bedeutung des Kompositums kennt (die linke Klammerung ist richtig, vgl. Alpmann/Brockhaus 2004:947).

Die eigentliche Herausforderung der juristischen Fachsprache liegt jedoch in der Syntax (7f). Hierzu zwei syntaktische Varianten desselben Sachverhalts (Seibert 1977:17):

(10) a. Der Schaffner warf einen Fahrgast aus dem Autobus. Der Mann sprang nämlich auf, nachdem der Bus schon abgefahren war und obwohl der Schaffner ihm dies verboten hatte. Um ihn wieder hinauszubefördern, versetzte ihm der Schaffner einen Faustschlag ins Gesicht. Das war nicht notwendig. Der Mann hätte aus dem Bus fallen und tot sein können.

b. Um die zwangsweise Entfernung des A aus dem Omnibus durchzusetzen und damit den noch andauernden Angriff des A zu brechen, war eine für A weniger einschneidende Verteidigungsmaßnahme möglich als der mit der Gefahr eines Sturzes von der Plattform des Omnibusses und daher mit einer Lebensgefahr für A verbundene Faustschlag.

(10a) ist kein juristisch-fachsprachlicher Text, was schon am Fehlen jeder juristischen Terminologie zu erkennen ist. Das zugrunde liegende Ereignis wird im narrativen Stil zwar sehr anschaulich beschrieben, gleichzeitig wird damit eine Abstraktion von diesem Ereignis unmöglich. Juristische Texte sollten aber von einer gewissen Allgemeinheit sein, damit in gleicher Form über eine Vielzahl von Sachverhalten berichtet werden kann. Dies ist in (10b) gegeben, dessen Syntax relativ komplex ist, allerdings alle zur Bewertung des Faustschlags relevanten abstrakteren Argumente liefert:

(11)

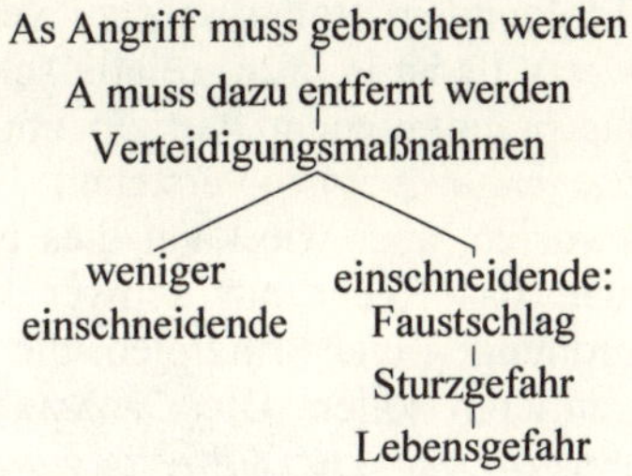

Aufgabe 4: Im Text wird behauptet, juristische Syntax generalisiere Sachverhalte. Testen Sie diese Behauptung, indem Sie folgenden Sachverhalt einmal im Stil von (10a), dann im Stil von (10b) paraphrasieren. „Marie betritt den Bus, hastet am Schaffner vorbei und ignoriert seine Frage nach der Fahrkarte. Er holt sie ein und fragt sie noch einmal. Sie behauptet, kein Geld für eine Fahrkarte zu haben, aber diesen Bus unbedingt nehmen zu müssen. Der Schaffner sagt, ohne Fahrkarte müsse sie wieder aussteigen. Marie bleibt sitzen. Er befördert sie mit einem Fußtritt aus dem Bus." Zählen Sie die Änderungen, die Sie an (10a/b) haben vornehmen müssen, um den neuen Sachverhalt zu erfassen.

Einerseits ist der juristische Text in (10b) für seinen Zweck, eine allgemeine Darbietung des Sachverhalts in knapper, verdichteter Form, sehr geeignet. Andererseits wird niemand leugnen, dass (10a) verständlicher und leichter lesbar ist. Einer leichten Lesbarkeit stehen in (10b) folgende Phänomene entgegen:

(12) a. Nominalisierungen statt Verben
z.B. *Entfernung aus dem Bus* statt *der Schaffner warf den Gast aus dem Bus*
b. unpersönlicher Stil
z.B. wird der ‚Faustschläger', also der Schaffner, nicht genannt
c. Partizipien statt Nebensätze
z.B. *der noch andauernde Angriff* statt *der Angriff, der noch andauert*
d. komplexe Satzgefüge

Diese typisch fachsprachlichen syntaktischen Stilmittel erschweren die Verständlichkeit: Komplexe Satzgefüge erfordern eine höhere Aufmerksamkeit als aneinandergereihte einfache Hauptsätze; Nominalisierungen und ein unpersönlicher Stil lassen Teilnehmer des Geschehens unerwähnt, die man sich hinzudenken muss. Partizipien, die Nebensätze ersetzen, kondensieren die Information – es ist zudem schwieriger, pränominale (also vor dem Nomen stehende) Information zu verstehen als postnominale (nach dem Nomen stehende) Information. Es ist also in (12c) relativ einfach, die Kombination aus Nomen und nachfolgendem Relativsatz zu verarbeiten (*der Angriff, der noch andauert*). Es ist in (12c) relativ schwer, die komplexe Nominalphrase aus pränominalem Partizip und folgendem Nomen (*der noch andauernde Angriff*) zu verstehen.

Man ist dem Recht unterworfen, aber wie kann dies eigentlich begründet werden, wenn man das Recht nur schwer verstehen kann? Es gibt mehrere Verordnungen und Prinzipien, die die Verständlichkeit des Rechts garantieren sollen. Die *Gemeinsame Geschäftsordnung der Bundesministerien zur Gesetzgebung* besagt: „Gesetze müssen sprachlich einwandfrei und sollen so weit wie möglich für jedermann verständlich gefasst sein". Der damalige Bundestagspräsident Eugen Gerstenmaier hat 1966 den ‚Redaktionsstab der Gesellschaft für deutsche Sprache beim Bundestag' eingesetzt, der laut Geschäftsordnung Sprachberatung erteilt und alle Gesetzesentwürfe auf Verständlichkeit, Eindeutigkeit und sprachliche Richtigkeit prüfen soll. Dieser ‚Redaktionsstab' ist aber nur mit einer Stelle ausgestattet, was immer wieder von sprachwissenschaftlicher (Grewendorf 2000) und öffentlicher Seite kritisiert wurde. In der Schweiz gibt es hingegen eine rund dreißigköpfige Redaktionsabteilung für Gesetze in Form der *Zentralen Sprachdienste* – dort existiert eine deutsche, eine italienische und eine französische Sektion, außerdem eine Terminologieabteilung.

Aus dem Rechtsstaatsprinzip des Grundgesetzes wird der Bestimmtheitsgrundsatz (*lex-certa*-Prinzip) abgeleitet: Die Tatbestände und ihre Rechtsfolgen müssen so genau beschrieben sein, dass Tragweite und Anwendungsbereich des Gesetzes erkennbar sind. Mit anderen Worten, der Bürger muss erkennen können, was verboten ist, damit er sein Verhalten danach ausrichten kann.

Die Praxis sieht trotz all dieser Prinzipien und Bemühungen für den Laien oft wenig verständlich aus. Für die Verständlichkeitsoptimierung kann die Psycholinguistik einen wertvollen Beitrag leisten, wobei einerseits Eigenschaften des Textes (u.a. die in (12) genannten) eine Rolle spielen, andererseits Eigenschaften des Lesers – wie gut ein Text verstanden wird, hängt immer auch vom Adressaten ab. Textverstehen ist ein Interpretationsvorgang, bei dem die Bedeutung schrittweise auf der Grundlage von Wissen, Erwartungen und Überzeugungen aufgebaut wird (Kintsch 1988, Kintsch/Dijk 1978).

Neben der theoretischen Kompetenz der Linguistik, mit der man die Komplexität von Rechtstexten analysieren und beschreiben kann, gibt es in der Psycholinguistik eine empirische Kompetenz. Diese empirische Kompetenz erlaubt es, Behauptungen über die

Komplexität von Rechtstexten empirisch zu prüfen. So kann die Verständlichkeit von Rechtstexten optimiert werden. Psycholinguistische Techniken, die Verständlichkeit ‚messen' können, sind u.a.:

(13) a. Messung von Blickbewegungen beim Lesen (*Eyetracking*)
b. Messen der Lesezeit (z.B. in einem *self paced reading*-Experiment, bei dem man die Lesegeschwindigkeit (*pace*) selbst (*self*) steuert)
c. Fragen zum Textverstehen (Multiple-Choice-Fragen oder offene Fragen)
d. freie Wiedergabe des Gelesenen
e. Lückentest (bei dem man die weggelassenen Worte ergänzen muss)

Beim *Eyetracking* (13a) trägt die Versuchsperson einen am Kopf montierten Apparat. Auf dem Bildschirm wird der gesamte Text präsentiert, der *Eyetracker* zeichnet die Blickbewegungen der Versuchsperson auf. Betrachtet man ein Wort ohne die Augen zu bewegen, so spricht man von einer Fixation. Als Saccade oder auch Saccadensprung bezeichnet man die schnelle und ruckhafte Bewegung, mit der der Blick von einem Fixationspunkt zum nächsten bewegt wird. Die Dauer der Fixationen, Muster und Längen der Saccaden richten sich stark nach Gewohnheiten, Fähigkeiten und Absichten des Betrachters. Vor allem aber variieren die Blickbewegungen aufgrund der dargebotenen visuellen Reize, hier der Schwierigkeit eines juristischen Textes. Wenn die Fixationsdauer bei einigen Wörtern eines Textes hoch ist, wenn Saccaden sogar rückwärts verlaufen, die Versuchsperson also immer wieder zu bestimmten Termini zurückkommt, kann dies darauf hinweisen, dass diese schwer zu verstehen sind.

Beim *Self paced reading*-Experiment (13b) wird, anders als beim *Eyetracking*, nicht der ganze Text auf einmal gezeigt. Stattdessen kann die Versuchsperson selber über Tastendruck am Rechner steuern, wie schnell einzelne Textteile hintereinander präsentiert werden. Gemessen werden die Lesezeiten für die einzelnen Wörter bzw. Wortgruppen, d.h. die Zeiten vom Erscheinen des Wortes an bis zu dem Zeitpunkt, an dem die Versuchsperson das nächste Wort anfordert. Ist die Lesezeit vergleichsweise groß, kann das Verstehen des Textes schwierig sein.

Beide Verfahren, *Eyetracking* und *Self paced reading,* testen Verständlichkeit auf indirekte Weise – was lange dauert und immer wieder angesehen wird, muss schwer zu verstehen sein. Was aber nun wirklich (richtig) verstanden und auch behalten worden ist, kann so nicht getestet werden. Dies kann aber mit den Methoden (13c,d) abgeprüft werden. Dabei ist eine korrekte freie Wiedergabe eines gelesenen Textes möglicherweise trügerisch, sie kann auch durch eine besonders gut entwickelte Merkfähigkeit zustande kommen. Aussagefähiger sind korrekt beantwortete Fragen zum Text. Um Aussagen über die Verständlichkeit eines Textes machen zu können, ist es sinnvoll, mehrere der in (13) angeführten Verfahren anzuwenden. Empirisch-psycholinguistische Arbeiten über die Verständlichkeit des Rechts sind Dietrich/Hillebrand (erscheint 2007) und Becker et al. (2004). Will man die Verständlichkeit juristischer Texte mithilfe psycholinguistischer Methoden optimieren, muss dies adressatenspezifisch geschehen. Ein Laie stellt natürlich höhere Anforderungen an die Verständlichkeit.

Letztlich sind Laien und Experten aller Klassen für eine verständliche Rechtssprache dankbar. Niemand möchte, dass die Staatsgewalt an ihm ausgeübt wird, weil er nichts verstanden hat.

2.2 Rechtstheorie

Beginnen wir mit einem Fall, so nennt der Jurist eine zu bearbeitende Angelegenheit. Um ihn zu lösen, benötigt der Jurist den **Sachverhalt**, also eine genaue Beschreibung der Ereignisse:

(14) Die Dolmetscherin Marie heiratet den Bahnbeamten Jakob, sie haben ein Kind, Gesine. Bald wird die Ehe geschieden. Marie kümmert sich um Gesine, kann währenddessen ihren alten Beruf nicht ausüben und verlangt Unterhalt von Jakob. (Abgewandelt von Wesel (2002:20f.))

Besteht Maries Anspruch auf Unterhalt zu Recht? Mit dieser Frage befasst sich der Anwalt. Zunächst sucht er dazu nach einschlägigen Vorschriften. Er findet folgendes Gesetz, auch **Norm** genannt:

(15) Ein geschiedener Ehegatte kann von dem anderen Unterhalt verlangen, solange und soweit von ihm wegen der Pflege oder Erziehung eines gemeinschaftlichen Kindes eine Erwerbstätigkeit nicht erwartet werden kann. (§ 1570 BGB)

Die Norm besteht aus **Tatbestand** und **Rechtsfolge**. Der Tatbestand ist die Summe aller Voraussetzungen, die gegeben sein müssen, damit eine Konsequenz, nämlich die Rechtsfolge, eintritt. Die Rechtsfolge ist in (15) der Anspruch auf Unterhalt (*kann Unterhalt verlangen*), der Tatbestand gliedert sich auf in eine Reihe von Tatbestandsmerkmalen: *geschiedener Ehegatte, gemeinschaftliches Kind, Erwerbstätigkeit kann wegen Kindererziehung nicht erwartet werden.*

Maries Anwalt führt jetzt eine **Subsumtion** durch, das ist ein Vorgang, bei dem der konkrete Sachverhalt auf die abstrakte Norm angewandt wird, die Tatbestandsmerkmale werden im Sachverhalt nachgeprüft. Wenn alle Merkmale erfüllt sind, tritt die Rechtsfolge ein. Bei der Subsumtion wird der Sachverhalt des Falls mit dem Wortlaut der Gesetzesnorm zur Deckung gebracht, das Gesetz und der Fall werden einander zugeordnet. Im Detail sieht das so aus:

(16) Subsumtion

Tatbestandsmerkmal (TBM)	*Sachverhalt (SV)*	*Erfüllt?*
geschiedener Ehegatte	Marie ist geschieden	Ja
gemeinschaftliches Kind	gemeinsame Tochter Gesine	Ja
Erwerbstätigkeit kann wg. Kindererziehung nicht erwartet werden	Marie kann derzeit ihren Beruf nicht ausüben wg. Gesine	Ja

Da alle Tatbestandsmerkmale erfüllt sind, tritt die Rechtsfolge ein: Marie kann von Jakob Unterhalt verlangen.

Aufgabe 5: Lösen Sie selber einen Fall, dies ist der Sachverhalt: „Marie ist mit Gesine aus der ehelichen Wohnung ausgezogen, dabei hat sie nur das Nötigste mitgenommen. Sie möchte jetzt die Wohnzimmersofas, die gesamte Küche und Gesines Kinderspielzeug in ihre neue Wohnung holen." Kann Marie diese Gegenstände von Jakob verlangen? Konsultieren Sie zuerst die einschlägige Norm, gehen Sie auf bundesrecht.juris.de/index.html und geben in der Volltextsuche *Hausratsverteilung* ein. Nehmen Sie den ersten Treffer, der Ihnen geliefert wird. Führen Sie eine Subsumtion wie in obiger Tabelle durch. Welche Tatbestandsmerkmale sind erfüllt, welche Rechtsfolgen treten ein?

Abstrakte Normen sind, auch wenn sie so klar wie in (15) formuliert werden, nicht einfach eins zu eins auf konkrete Fälle anzuwenden:

(17) Marie und Jakob haben keine Kinder, die Ehe wird nach ein paar Jahren geschieden. Nach der Scheidung treffen sich Jakob und Marie noch einmal, Marie wird schwanger und bringt ein Jahr nach der Scheidung ein Kind zur Welt, Gesine. Marie kümmert sich um Gesine, kann währenddessen ihren alten Beruf nicht mehr ausüben und verlangt deswegen Unterhalt für sich selber von Jakob. (Abgewandelt von Wesel (2002:22f.))

Muss Jakob Marie etwas zahlen? Ein Blick auf § 1570 BGB ist wenig hilfreich. Sicher ist Gesine ein *gemeinschaftliches* Kind, schon rein genetisch. Andererseits war die eheliche Gemeinschaft zum Zeitpunkt von Gesines Erzeugung nicht mehr vorhanden. Was nun? Die Diskrepanz zwischen dem Sachverhalt des Falls und den Tatbestandsmerkmalen der Norm ist offensichtlich. Vermutlich haben Sie ähnliche Probleme in der letzten Aufgabe mit Wörtern wie *Billigkeit* gehabt. In Lagen wie diesen bedarf es der Auslegung oder Interpretation der Norm durch den Juristen.

Begründet wurde die moderne Auslegungs- oder Methodenlehre von Friedrich Carl von Savigny (1779-1861). Auf ihn gehen die vier bekannten *Canones* oder Grundregeln der Auslegung zurück; mit Larenz (1983:320ff.) werden diese heute so gedeutet:

(18) a. grammatikalische Auslegung (nach dem Wortlaut der Norm)
b. historische Auslegung (nach der Entstehungsgeschichte der Norm)
c. systematische Auslegung (nach dem Zusammenhang der Norm mit anderen Normen)
d. teleologische Auslegung (nach Sinn und Zweck der Norm)

Von Savigny ordnet diese vier Canones nicht nach Relevanz, denn sie sind „nicht vier Arten der Auslegung, unter denen man nach Belieben wählen könnte, sondern verschiedene Tätigkeiten, die vereinigt werden müssen, wenn die Auslegung gelingen soll" (Savigny (1840/49:Band 1, S.215)). So sieht es auch das Bundesverfassungsgericht (BVerfG): „Maßgebend für die Auslegung einer Gesetzesbestimmung ist der in dieser zum Ausdruck kommende objektivierte Wille des Gesetzgebers, so wie er sich aus dem Wortlaut der Gesetzesbestimmung und dem Sinnzusammenhang ergibt, in den diese hineingestellt ist" (BVerfGE 1, 299, Leitsatz 2). Eine Voraussetzung jeder Auslegung ist natürlich die Verträglichkeit mit der Verfassung, auch Verfassungskonformität genannt; teilweise wird dies als fünfte Auslegungsregel hinzugefügt.

Aufgabe 6: Schlagen Sie im Grimm'schen Wörterbuch nach, was *Jungfrau* bedeutet hat (germazope.uni-trier.de/Projects/DWB). Schlagen Sie den Terminus dann im Deutschen Rechtswörterbuch nach (www.rzuser.uni-heidelberg.de/~cd2/drw/frameset.htm). Welche Bedeutungen von *Jungfrau* sind in beiden Werken zu finden? Welche Schlussfolgerung ziehen Sie aus Ihren Befunden für die grammatikalische Auslegung (18a)?

Was ergeben die Canones für das Beispiel (17)? Der Wortsinn von *gemeinschaftlich* ist „zusammen, gemeinsam" (Mackensen, Deutsches Wörterbuch). Nun ist Gesine sicher ein Kind, dass Jakob und Marie „zusammen" gezeugt haben. Nach der grammatikalischen Auslegung (18a) müsste Jakob also Unterhalt zahlen. Die historische und systematische Auslegung führt allerdings zu einem anderen Ergebnis – an ein nacheheliches Kind hat der Gesetzgeber bei dem *gemeinschaftlichen* Kind nicht gedacht, historisch gesehen (18b) muss *gemeinschaftlich* als *gemeinschaftlich ehelich* gedeutet werden. Dies ergibt sich ebenfalls aus dem systematischen Zusammenhang (18c) von § 1570 BGB, das *gemeinschaftliche* Kind steht im Zusammenhang mit einer *vorher* bestehenden Ehe, muss also aus dieser stammen. Nach der historischen und systematischen Auslegung müsste Jakob keinen Unterhalt zahlen.

Was mit einer Äußerung gemeint ist, also der in (18a) genannte Wortlaut, ist oft schwer zu sagen. Hierzu ein einfaches Beispiel:

(19) Marie hat eine *geringe Menge* Haschisch geraucht.

In (19) ist es völlig unklar, wie viel eine *geringe Menge* ist: 2 Gramm oder 20 Gramm? Der Linguist spricht hier von Vagheit; der Jurist kann oft auf vage Ausdrücke nicht verzichten, um die Rechtsprechung über die Zeit flexibel zu halten.

Aufgabe 7: Marie verklagt Jakob auf Unterhaltszahlungen, in der Gerichtsverhandlung sagt sie: „Jakob ist immer großzügig gewesen. 10 € Haushaltsgeld standen mir im Monat zur Verfügung". Was ist die wörtliche Bedeutung von Maries erstem Satz? Was ist die tatsächliche Bedeutung, und wie leiten Sie sie her? Lesen Sie dazu Levinson (1983:Kap.3) und gehen Sie davon aus, dass 10 € Haushaltsgeld im Monat viel zu wenig ist.

Von manchen Juristen wird behauptet, dass den Auslegungscanones kein Erkenntniswert zukommt (Schroth 2004:289f.), weil sie unpräzise sind und es oft unklar ist, welche Canones in juristischen Begründungen herangezogen werden und welche nicht. Die Canones sind sicherlich zu präzisieren, etwa bei der teleologischen Auslegung (18b): Woher erfährt das Ziel der Norm seine Legitimität? Inwieweit müssen sich die anderen Canones danach richten? Sollte die historische Auslegung (18b) bei Gesetzen neueren Datums nicht eine wichtigere Rolle spielen als bei solchen, die einer Zeit entstammen, deren Wertesystem mit dem aktuellen nicht mehr vereinbar ist?

In (16) ist die Norm Ausgangspunkt für die Bewertung eines Sachverhalts. In der Praxis verläuft Subsumtion meist anders: Bereits entschiedenen Fällen werden die tatsächlichen Beurteilungskriterien für einen neuen, strittigen Sachverhalt entnommen. Die Regel, die auf diese Weise den konkreten Fall entscheidet, wird seit Fikentscher (1975) **Fallnorm** genannt. Die Fallnorm beschreibt die Rechtsfolge und die Sachverhalte, auf die sie anzuwenden ist; damit bestimmt sie, welche Sachverhalte als rechtlich äquivalent anzusehen sind. So liefert die Norm nur noch die „Schablone" (Schroth 2004:277), **Präjudizien**, also bereits entschiedene Fälle, sind die wirklichen Instrumente der Rechtsfindung. Aber wie bindend dürfen Präjudizien sein? Wo bleibt die Freiheit des Richters? Der Gesetzgeber hat für die Senate der Oberlandesgerichte (OLG) und des

Bundesgerichtshofs (BGH) eine gewisse Bindung eingeführt. Ein BGH-Senat darf in einem Urteil von einem anderen BGH-Senat nur dann abweichen, wenn überwiegende, d.h. auf höhere Prinzipien zurückgehende, Gründe gegen das frühere Urteil sprechen, ebenso gute Gründe sind nicht ausreichend.

Die Existenz von Fallnormen suggeriert eine gewisse Unflexibilität des Rechts. Wenn immer in dem Sinne entschieden wird, in dem vorher entschieden wurde – und genau dies geschieht beim Urteilen nach Präjudizien – bleibt das Recht, wie es ist. Es gibt aber auch immer wieder Entscheidungen, bei denen von Präjudizien abgewichen wird. Es kommen beim BGH sogar öfter Fälle vor, bei denen von Gesetzesnormen abgewichen wird. Ein berühmter Fall ist das Herrenreiter-Urteil von 1958, folgender Sachverhalt lag zugrunde (‚Herrenreiter' sind Amateur-Rennreiter):

(20) Der Kläger war Herrenreiter auf Turnieren, die Beklagte Herstellerin eines Präparats, das u.a. als Potenzmittel diente. Sie hatte zur Werbung ein Plakat mit der Abbildung eines Reiters verbreitet, dem ein Photo des Klägers zugrunde lag. Eine Einwilligung zur Verwendung des Bildes hatte der Kläger nicht erteilt, er forderte von der Beklagten Schadensersatz.

Der BGH billigte dem Herrenreiter Schadensersatz zu, verletzt seien die im Grundgesetz (GG) Art. 1 I, Art. 2 I geschützte Unantastbarkeit der Menschenwürde und das Recht auf freie Entfaltung der Persönlichkeit. Folgende Norm spezifiziert, in welchen Fällen Geld für immaterielle Schäden zu zahlen ist:

(21) Ist wegen einer Verletzung des Körpers, der Gesundheit, der Freiheit oder der sexuellen Selbstbestimmung Schadensersatz zu leisten, kann auch wegen des Schadens, der nicht Vermögensschaden ist, eine billige Entschädigung in Geld gefordert werden. (§ 253 II BGB)

Der springende Punkt ist nun: Keiner der in der Norm angegebenen Fälle trifft auf den Herrenreiter zu, er hat keine Verletzung des Körpers, der Gesundheit, der Freiheit oder der sexuellen Selbstbestimmung erlitten. Also stünde ihm kein Schadensersatz zu. Das Herrenreiter-Urteil, das dennoch Schadensersatz zubilligt, verstößt also gegen § 253 II BGB.

Aufgabe 8: Wie wird der Anspruch gegen § 253 BGB im Herrenreiter-Urteil dennoch begründet? Lesen Sie das Urteil nach: www.oefre.unibe.ch/law/dfr/bz026349.html. Darin ist von § 847 BGB die Rede, dem entspricht heute § 253 BGB.

Bei der Subsumtion kann die Logik ein nützliches Hilfsmittel sein. Die Subsumtion wird manchmal auch als Justizsyllogismus bezeichnet. Ein **Syllogismus** besteht aus drei kategorischen Urteilen (Obersatz, Untersatz, Schlusssatz); ein bekannter Syllogismus ist der zum ersten Mal von Aristoteles in der Analytik beschriebene sog. *modus barbara*:

(22)		*Beispiel*
	Obersatz	Alle Mörder sind Straftäter
	Untersatz	Alle Soldaten sind Mörder
	Schlusssatz	Alle Soldaten sind Straftäter

Ein *modus* ist ein gültiger Schluss – aus der Wahrheit der Prämissen (Obersatz und Untersatz) folgt die Wahrheit des Schlusssatzes; ist der Schlusssatz falsch, ist mindestens eine Prämisse falsch. In den drei kategorischen Urteilen eines Syllogismus' kommen insgesamt drei Begriffe vor, in (22) sind das *Mörder*, *Straftäter* und *Soldaten*. Es gibt vier Arten von kategorischen Urteilen:

(23)	*Urteil*	*Beispiel*
	Alle M sind P	Alle Mörder sind Straftäter
	Kein M ist P	Kein Mörder ist ein Straftäter
	Einige M sind P	Einige Mörder sind Straftäter
	Einige M sind nicht P	Einige Mörder sind keine Straftäter

Aufgabe 9: Kann die Subsumtion ein Syllogismus im hier definierten Sinn sein? Begründen Sie dies anhand des folgenden Beispiels:

Obersatz = Norm:	Alle Mörder sollen bestraft werden
Untersatz = Sachverhalt:	Jakob ist ein Mörder
Schlusssatz = Rechtsfolge:	*Jakob soll bestraft werden*

Die Logik als Hilfsmittel für die Rechtswissenschaft einzusetzen, leuchtet ein – eine juristische Entscheidung sollte so rekonstruierbar sein, dass sie aus den in der Begründung angegebenen Sätzen logisch folgt. Darüber hinaus müssen diese Prämissen natürlich juristisch akzeptabel sein. Mindestens eine der Prämissen muss eine universelle Norm sein (Hare 1963:10ff.), damit das Urteil gerecht ist. Dies kann nur der Fall sein, wenn es für alle gleichermaßen gilt.

Die einfachste Form der logischen Rekonstruktion von Urteilsbegründungen ist die folgende (Alexy 2003:13ff.); hierbei wird in der je ersten Zeile die logische Formalisierung angegeben, darauf folgt eine umgangssprachliche Erläuterung sowie schließlich ein Beispiel:

(24) a. Gesetzesnorm: $\forall x\,(T(x) \rightarrow \Box\, R(x))$
In Worten: ($\forall$x) für alle x gilt: (T(x)) wenn x einen Tatbestand erfüllt, dann ($\Box$ R(x)) soll für x die Rechtsfolge eintreten
Beispiel: Für alle Personen x gilt: Wenn x ein Mörder ist, soll für x die Rechtsfolge der Bestrafung eintreten

b. $T(a) \rightarrow \Box\, R(a)$
In Worten: (T(a)) wenn a einen Tatbestand erfüllt, dann ($\Box$ R(a)) soll für a die Rechtsfolge eintreten
Beispiel: Wenn Jakob ein Mörder ist, soll für Jakob die Rechtsfolge der Bestrafung eintreten

c. Sachverhalt: T(a)
Beispiel: Jakob ist ein Mörder

d. Folgerung: $\Box\, R(a)$
Beispiel: Für Jakob soll die Rechtsfolge der Bestrafung eintreten

Die Gesetzesnorm stellt (24a) dar: $\forall$ ist der Allquantor, er zeigt an, dass eine universelle Norm vorliegt, $\Box$ ist ein deontischer Operator (also ein Operator, der ein Gebot oder eine Sollensvorschrift enthält), x ist eine Variable über Personen. In (24b) hat die Allbeseitigungsregel gewirkt: Was für alle Personen x gilt, gilt auch für eine bestimmte Person a. Der Sachverhalt steht in (24c), auf a trifft der Tatbestand T zu. (24d) ist die Folgerung aus (24b) und (24c) aufgrund einer Regel, die man *modus ponens* oder Abtrennungsregel nennt: Aus zwei Aussagen der Form *Wenn A, dann B* (24b) und *A* (24c) folgt eine Aussage der Form *B*.

Aufgabe 10: Welche Schwierigkeiten bringen vage und mehrdeutige Ausdrücke für (24c) mit sich (Sie können diese Begriffe in Bußmann (2002) nachschlagen)? Skizzieren Sie eine Lösung.

Ist der Jurist also nur eine Subsumtionsmaschine, ist die juristische Tätigkeit einfach über Formeln zu fassen? Hier müssen zwei Aspekte von juristischen Urteilsbegründungen unterschieden werden: „die interne Rechtfertigung, in der es darum geht, ob das Urteil aus den zur Begründung angeführten Sätzen logisch folgt, und die externe Rechtfertigung, deren Gegenstand die Wahrheit, Richtigkeit oder Akzeptabilität der Prämissen der internen Rechtfertigung ist. Man kann die externe Rechtfertigung […] als das eigentliche Feld der *juristischen Argumentation* oder des *juristischen Diskurses* bezeichnen“ (Alexy (2003:11f), Hervorhebungen M.R.).

So ist der Platz der Logik die interne Rechtfertigung von Urteilen; ausgestattet mit dem Instrumentarium der Logik kann der Jurist überprüfen, ob das Urteil wirklich aus den Prämissen folgt.

Die externe Rechtfertigung von Urteilen hat mit Logik nichts mehr zu tun, hier geht es um die Akzeptabilität der Prämissen. Ob eine Prämisse akzeptabel ist, kann die Logik nicht beantworten, hierüber muss argumentiert werden. Argumentation und Diskurs sind originäre Gegenstände der Rhetorik, und so verwundert es nicht, dass dieser Vorläufer der modernen Linguistik eng mit der Geschichte der Rechtswissenschaft verknüpft ist. Die Rhetorik entwickelte sich als Wissenschaft im 5. Jh. v. Chr., wobei die Argumentation vor Gericht eine entscheidende Rolle spielte. Die Verallgemeinerung von juristischen Argumentationsschemata führte zur Etablierung der rhetorischen Fachwissenschaft in den *Septem artes liberales* (den Freien Künsten). Die Rechtswissenschaft wurde nicht zuletzt durch Werke der Rhetorik wie *De legibus* („Über die Gesetze“) von Cicero und die *Institutio oratoria* („Ausbildung des Redners“) von Quintilian zu einem ausgefeilten Theoriegebäude. Quintilian (35-100) war zugleich Anwalt und Rhetorikprofessor, seine *Institutio* diente vom 16. bis zum 18. Jh. als Grundlage des Rhetorikunterrichts, es galt das Ideal des *vir bonus dicendi peritus*, des Redners, der tugendhaft in seiner Rede zur Sache spricht.

Rhetorik wird heute teilweise als ‚Schlüsselkompetenz' angesehen, teilweise steht sie in einem schlechten Ruf als Überredungskunst. Wenn man an US-amerikanische Gerichtsfilme denkt, gewinnt man den Eindruck, dass rhetorische Fertigkeiten wichtiger sind als Sachargumente – wie wenig entfernt diese Filme von der Realität sind, zeigt die linguistische Analyse des O.J. Simpson Prozesses in Cotterill (2003). Im Gegensatz dazu wird im juristischen Studium in Deutschland suggeriert, der Stil gewinne Profil durch bewusste Askese, eine Absage an jegliche Rhetorik. Die Sache soll für sich selbst sprechen. Aber das kann keine Sache, sprechen können nur Sprecher. Wie unvermeidlich rhetorisches Agieren im Recht ist, hat Haft (1985:176ff.) eindrucksvoll an einem Urteil des BGH (BGHSt 15, 155) gezeigt. Das Urteil betrifft die Unabhängigkeit der Staatsanwaltschaft vom Gericht – eine Selbstverständlichkeit, wie man meinen sollte. Sie ist in § 150 des Gerichtsverfassungsgesetzes (GVG) festgehalten: „Die Staatsanwaltschaft ist in ihren amtlichen Verrichtungen von den Gerichten unabhängig.“ Besagtes Urteil des BGH erklärt nun gegen diese Norm, die Staatsanwaltschaft sei gebunden – um dies plausibel zu machen, ist einiges an Rhetorik vonnöten:

(25) „Die Überlegung des Landgerichts, SED-Kontakte würden von Stellen der Bundesrepublik geduldet, gibt Veranlassung, auf Inhalt, Tragweite und besondere Bedeutung des Legalitätsgrundsatzes bei der Strafverfol-

gung von Staatsschutzsachen nachdrücklich hinzuweisen. Gerade auf diesem Rechtsgebiete wäre es, wie keiner weiteren Ausführung bedarf, unerträglich, wenn Ergebnisse fester höchstrichterlicher Gesetzesanwendung, wonach bestimmtes Verhalten tatbestandsmäßig und daher strafbar ist, beiseitegeschoben, der Legalitätsgrundsatz dadurch durchbrochen und das staatsanwaltliche Anklagemonopol nach abweichendem Ermessen gehandhabt würde. Dies würde die Einheit der Rechtsanwendung und die Gleichheit vor dem Gesetz unzulässig beeinträchtigen und die Gewaltentrennung außer acht lassen […].“ (Quelle: BGHSt 15, 155)

Das Umgehen einer Begründung wird mit „wie keiner weiteren Ausführung bedarf“ rhetorisch kaschiert. Die Gegenauffassung, wonach die Staatsanwaltschaft unabhängig ist, wird hier als „Durchbrechen des Legalitätsgrundsatzes“ wirkungsvoll gebrandmarkt. Negative Assoziationen soll das „abweichende Ermessen“ der Staatsanwaltschaft wecken – Gesetzesauslegung durch Gerichte führt zu „Ergebnissen“, Gesetzesauslegung durch Staatsanwaltschaft ist „abweichend“. Die „Einheit der Rechtsanwendung“ gibt es tatsächlich nur in Form von Präjudizien, die die Ausnahme darstellen: Hier soll die Autonomie der Staatsanwälte etwas zerstören, was es nicht gibt. Der Leser möge die kurzweilige Lektüre des BGH-Urteils und seiner rhetorischen Analyse in Haft (1985:176ff.) fortsetzen. – Juristisch ist dieses BGH-Urteil sehr umstritten. Was passiert, wenn die Staatsanwaltschaft eine Tat anklagen möchte, nach gefestigter Rechtsprechung jedoch nur ein Freispruch in Betracht kommt? Nach § 150 GVG darf der Staatsanwalt Klage erheben – der Staatsanwalt soll ein unabhängiges, selbständiges Rechtspflegeorgan sein. Dem widerspricht das zitierte BHG-Urteil.

Aufgabe 11: Konsultieren Sie eine Einführung in die rhetorische Textanalyse, z.B. Plett (2001). Welche Beispiele finden Sie in (25) für a) Emphase, b) Hyperbel, c) Euphemismus, d) Klimax, e) Personifikation?

Es verwundert nicht, dass viele juristische Standardargumente aus der Rhetorik stammen, beispielsweise das *argumentum a fortiori* („erst-recht-Schluss“): Wenn eine Norm für einen Tatbestand T eine Rechtsfolge vorsieht, dann gilt diese Rechtsfolge erst recht für einen Tatbestand T’, wenn T’ die Steigerung von T ist. Damit kommen wir zum letzten Mal zurück zu Jakob und Marie:

(26) In der Ehe von Jakob und Marie kriselt es, und das Geld ist knapp. Marie hatte einen Fernseher mit in die Ehe gebracht, an dem sie sehr hängt. Um sowohl Geld zu beschaffen als auch, um Marie zu ärgern, verkauft Jakob diesen Fernseher heimlich.

Niemand wird denken, dass Jakob sich hier fair verhalten hat. Der Jurist tut sich schwerer, er kommt mit purer Subsumtion nicht weiter. Einschlägig wäre im Prinzip folgende Norm:

(27) Ein Ehegatte kann über ihm gehörende Gegenstände des ehelichen Haushalts nur verfügen und sich zu einer solchen Verfügung auch nur verpflichten, wenn der andere Ehegatte einwilligt. (§ 1369 I BGB)

Nun hat Jakob ja nicht einen ihm selber gehörenden Gegenstand verkauft, also kann der Sachverhalt nicht auf die Norm angewendet werden. Entschieden wird der Fall nicht mit Subsumtion, sondern mit dem *argumentum a fortiori*: Jakob dürfte einen eigenen Fernseher nicht ohne Maries Einwilligung verkaufen, Jakob darf also erst recht keinen Fernseher verkaufen, der ihm nicht gehört. Dank der Rhetorik kommt Marie so nun doch noch zu ihrem Recht.

2.3 Zusammenfassung

- Wird ein Sachverhalt auf eine Gesetzesnorm angewandt, nennt man dies Subsumtion.
- Die Logik ist ein nützliches Hilfsmittel bei der Rekonstruktion von Urteilsbegründungen.
- Die Prämissen von Urteilen werden durch Argumentation ausgehandelt, hierbei spielt die Rhetorik eine Rolle.
- Die Fachsprache des Rechts ist gekennzeichnet durch eine spezielle Terminologie und Syntax (Nominalisierungen, unpersönlicher Stil, komplexe Satzgefüge).
- Eine Reihe von psycholinguistischen Analysetechniken kann das tatsächliche Verstehen von Texten messen.

Grundbegriffe: Canones, Fallnorm, Norm, Präjudizien, Rechtsfolge, Sachverhalt, Subsumtion, Syllogismus, Tatbestand

Weiterführende Literatur: Eine Einführung in die Rechtsphilosophie bieten in gut lesbarer Form Kaufmann et al. (2004), Überblicksdarstellungen zur juristischen Logik sind Herberger/Simon (1980), Alexy et al. (2003) und Koch/Rüßmann (1982). Eine sehr gute Einführung in die Logik für Linguisten ist Kutschera/Breitkopf (2000). Klassische Werke zur juristischen Rhetorik sind Haft (1985) und Viehweg (1974). Überblicke über die Geschichte der juristischen Fachsprache werden in Hattenhauer (1987), Schmidt-Wiegand (1998) und Schmidt-Wiegand (1999) gegeben. Eine gute Darstellungen der juristischen Fachsprache ist Seibert (1977).

3. Kommunikation vor Gericht

Bei dieser Kapitelüberschrift denkt man vielleicht zunächst an TV-Gerichtssendungen wie *Richterin Barbara Salesch*. Barbara Salesch hat bis 1999 als ‚echte' Richterin am Landgericht Hamburg gearbeitet, dann ließ sie sich für ihre Fernsehtätigkeit beurlauben. Nun mag nicht jeder Richter so telegen sein wie Barbara Salesch, und nicht alle Verhandlungen sind so kurzweilig wie die von ihr geführten. Aber dürfte das Fernsehen eigentlich auch ‚echte' Gerichtsverhandlungen senden? Welche Regeln gelten allgemein vor Gericht? Fragen dieser Art behandelt Abschnitt 3.1.

Abschnitt 3.2 beschreibt die Gerichtskommunikation am konkreten Beispiel von Strafprozessen. Wie ist der Ablauf solcher Prozesse juristisch geregelt, wie kann die Linguistik dazu beitragen, Prozessverläufe zu analysieren und damit transparenter zu machen? Auf vielerlei Weise ist Gerichtskommunikation durch hierarchisierte und interagierende Prinzipien bestimmt. Abschnitt 3.2 wird eine linguistische Analyse dieses Faktums präsentieren.

3.1 Die Gerichte

Wäre es denkbar, dass *Richterin Barbara Salesch* an das Hamburger Landgericht zurückkehrt und dort Fälle für die Sendung aufzeichnen lässt? Immerhin besagt § 169 (Satz 1) des Gerichtsverfassungsgesetzes (GVG):

(28) Die Verhandlung vor dem erkennenden Gericht einschließlich der Verkündung der Urteile und Beschlüsse ist öffentlich. (§ 169 (Satz 1) GVG)

Gerichtsverhandlungen sind öffentlich, weil man einer ‚Geheimjustiz' vorbeugen möchte. Es soll jedermann möglich sein, sich vor Ort über die juristische Entscheidungsfindung zu informieren. Wie steht es also mit dem Gerichtsfernsehen? Es könnte für mehr Aufklärung über Recht und Gesetz sorgen und so dem Rechtssystem zu mehr Akzeptanz verhelfen. Lange Zeit gab es Gerichtsfernsehen: Über das Verfahren gegen Ex-Generalfeldmarschall Schörner wurde 1957 ein ‚Filmsonderbericht' gedreht, im Prozess gegen Vera Brühne 1962 war die ARD live dabei. Erst im Jahr 1964 wurde § 169 (Satz 1) GVG allerdings um einen zweiten Satz ergänzt:

(29) Ton- und Fernseh-Rundfunkaufnahmen sowie Ton- und Filmaufnahmen zum Zwecke der öffentlichen Vorführung oder Veröffentlichung ihres Inhalts sind unzulässig. (§ 169 (Satz 2) GVG)

Dieses Verbot steht in einem gewissen Gegensatz zu Art. 5 I GG, der dem Fernsehen freie Berichterstattung garantiert:

(30) Jeder hat das Recht, seine Meinung in Wort, Schrift und Bild frei zu äußern und zu verbreiten und sich aus allgemein zugänglichen Quellen ungehindert zu unterrichten. Die Pressefreiheit und die Freiheit der Berichterstattung durch Rundfunk und Film werden gewährleistet. Eine Zensur findet nicht statt. (Art. 5 I GG)

Als wesentlicher Auslöser für das Fernsehverbot in Gerichtssälen gilt der sog. ‚Strack-Prozess' von 1959. Walter Hallstein (der damalige Präsident der Europäischen Wirtschaftsgemeinschaft) wurde freigesprochen, der mitangeklagte Herbert Blankenhorn wurde wegen übler Nachrede gegen Ministerialrat Hans Strack verurteilt. Verhandlung und Urteilsverkündung wurden gefilmt, was für ein großes Medienecho sorgte. Beobachter sprachen von einer ‚Fernsehhinrichtung', teilweise war die Urteilsbegründung nur im Hintergrund zu hören, stattdessen wurden die Gesichter der Angeklagten in Nahaufnahme gezeigt. Auch im Prozess gegen Vera Brühne, Alleinerbin und mutmaßliche Mörderin des Waffenhändlers Otto Praun, sprach man von ‚Ausleuchtungspsychose'. Die attraktive Brühne wurde als ‚geldgieriges Luder' dargestellt, man spekulierte offen über ihre erotischen Ausschweifungen.

Das Für und Wider der Fernsehberichterstattung aus Gerichtssälen wird seit ihrem Verbot kontrovers diskutiert. Die Mehrheit der Juristen lehnt Gerichtsfernsehen nach wie vor ab. Der *Deutsche Richterbund* warnte 1996 davor, im Fernsehen ausgestrahlte Prozesse könnten zu Unterhaltungssendungen verkommen, in denen Verurteilte an den Pranger gestellt werden. Außerdem sei die Unabhängigkeit der Rechtsprechung in Gefahr, denn die Öffentlichkeit könne Druck auf die Entscheidungsfindung ausüben. Zulässig sind seit 1998 allein Ton- und Filmaufnahmen von Entscheidungsverkündungen des BVerfG (§ 17a BVerfGG).

Befürworter des Gerichtsfernsehens finden sich natürlich unter den Programmdirektoren der Fernsehsender. 2001 legte n-tv Verfassungsbeschwerde beim BVerfG ein. N-tv wollte den sog. Politbüro-Prozess filmen, der wegen des Totschlagsvorwurfs an der innerdeutschen Grenze gegen Egon Krenz und andere geführt wurde. Ebenso beantragte der Sender Zutritt zu den Verhandlungen des Bundesverwaltungsgerichts über Kruzifixe in bayerischen Klassenzimmern. Das BVerfG hat die Verfassungsbeschwerde zurückgewiesen.

Niemand wird ‚Fernsehhinrichtungen' oder gar Schauprozesse befürworten, die undramatische Mehrheit der Prozesse dürfte ohnedies für schlechte Quoten sorgen – aber das sachliche Interesse einer breiten Öffentlichkeit am Politbüro-Prozess und am Kruzifix-Verfahren war erheblich. Es kann aus einer Reihe von Gründen geboten sein, die Öffentlichkeit von Gerichtsprozessen auszuschließen (§§ 170-172 GVG):

(31) a. das Verfahren hat die Unterbringung in einem psychiatrischen Krankenhaus oder einer Entziehungsanstalt zum Gegenstand
b. die Privatsphäre des Angeklagten oder eines Zeugen wird beeinträchtigt
c. die Staatssicherheit ist gefährdet
d. das Leben oder die Freiheit des Angeklagten oder eines Zeugen ist in Gefahr
e. Geschäfts-, Betriebs- oder Steuergeheimnisse kommen zur Sprache
f. eine Person unter 16 Jahren muss vernommen werden

Keiner der genannten Gründe dürfte für den Ausschluss von n-tv in den Prozessen um Kruzifix und Politbüro einschlägig gewesen sein.

Aufgabe 12: Lesen Sie die Entscheidung zur Beschwerde von n-tv nach: www.bundesverfassungsgericht.de/entscheidugen/rs20010124_1bvr262395.html. Wie wird die Entscheidung begründet?

Die TV-Richterin Barbara Salesch wurde berühmt durch einen zivilrechtlichen Fall, den Nachbarschaftsstreit um einen Knallerbsenstrauch und einen Maschendrahtzaun im Vogtland. Heute bearbeitet Frau Salesch ausschließlich Strafrechtsfälle wie Diebstahl, unterlassene Hilfeleistung, Betrug oder Nötigung. Im ‚echten' Leben gibt es noch andere Gerichtsbarkeiten als die Zivil- und Strafgerichtsbarkeit, wie die folgende Übersicht verdeutlicht:

(32) a. *Zivilgerichtsbarkeit*
Amtsgericht, Landgericht, Oberlandesgericht, Bundesgerichtshof
b. *Strafgerichtsbarkeit*
Amtsgericht, Landgericht, Oberlandesgericht, Bundesgerichtshof
c. *Arbeitsgerichtsbarkeit*
Arbeitsgericht, Landesarbeitsgericht, Bundesarbeitsgericht
d. *Verwaltungsgerichtsbarkeit*
Verwaltungsgericht, Oberverwaltungsgericht bzw. Verwaltungsgerichtshof, Bundesverwaltungsgericht
e. *Sozialgerichtsbarkeit*
Sozialgericht, Landessozialgericht, Bundessozialgericht

f. *Finanzgerichtsbarkeit*
Finanzgericht, Bundesfinanzhof

Die Gerichtsbarkeiten sind für unterschiedliche Probleme zuständig: (32c) befasst sich u.a. mit Streitverfahren aus Arbeits- und Tarifverträgen, (32d) mit Verfahren im Bereich der öffentlichen Verwaltung, (32e) beschäftigt sich mit Rechtsstreitigkeiten im Zusammenhang mit Sozialversicherungsträgern, (32f) mit Streitverfahren wegen Steuern und Zöllen. Unabhängig von den staatlichen Gerichtsbarkeiten in (32) existiert noch die kirchliche Gerichtsbarkeit, die nach eigenem Recht (dem sog. kanonischen Recht) urteilt und hier nicht behandelt wird.

Ein Verfahren beginnt mit der sog. ersten Instanz, also beispielsweise dem Amtsgericht in (32a). Wird die Entscheidung des Amtsgerichts angefochten, gelangt das Verfahren in der zweiten oder auch dritten Instanz an übergeordnete Gerichte, also an das Landgericht oder auch Oberlandesgericht in (32a).

Für jeden Bereich gibt es ein spezielles Prozessrecht, es gibt also eine Zivilprozessordnung (ZPO), eine Strafprozessordnung (StPO) usw. In den Ordnungen wird geregelt, wie der Prozess vonstatten gehen muss: wie man Klage erhebt, welche Fristen einzuhalten sind, ob und wie man gegen das Urteil vorgehen kann usw.

Oft hat man mit der Zivilgerichtsbarkeit (32a) zu tun, wobei zwei Typen zu unterscheiden sind: die streitige und die freiwillige Zivilgerichtsbarkeit. In der freiwilligen Zivilgerichtsbarkeit gilt statt der ZPO das *Gesetz über die Angelegenheiten der freiwilligen Gerichtsbarkeit* aus dem Jahr 1898. Anders als der Name suggeriert, sind in der freiwilligen Gerichtsbarkeit nicht nur Gerichte tätig (v.a. das Familiengericht), sondern auch Behörden wie das Standesamt sowie Notariate. In der freiwilligen Gerichtsbarkeit gibt es keine Klage, denn die Gerichte, Behörden oder Notare werden von Amts wegen oder auf Antrag tätig. Es herrscht überwiegend kein Anwaltszwang, die Verhandlungen sind meist nicht öffentlich. In vielen Fällen wird ohne mündliche Verhandlung nach Aktenlage entschieden, und zwar nicht durch Urteil, sondern durch Beschluss. Jeder, der schon einmal standesamtlich geheiratet hat, wird diese Eigentümlichkeiten der sog. freiwilligen Zivilgerichtsbarkeit bestätigen können: man heiratet ohne Anwalt, man wird zur Heirat nicht verklagt oder verurteilt, auch eine Verhandlung findet nicht statt.

In der streitigen Zivilgerichtsbarkeit werden bürgerliche Rechtsstreitigkeiten verhandelt. Der Rechtsstreit zwischen Kläger und Beklagtem kann sowohl durch ein staatliches als auch durch ein privates Zivilgericht entschieden werden. In der Übersicht in (32a) sind die staatlichen Zivilgerichte genannt, deren Verfahren in der ZPO geregelt sind. Verfahren an staatlichen Zivilgerichten sind öffentlich, die Parteien müssen sich anwaltlich vertreten lassen. Private Zivilgerichte nennt man auch Schiedsgerichte. Die Parteien eines Schiedsgerichtsverfahrens verhandeln vertraulich unter Ausschluss der Öffentlichkeit, sämtliche Details des Verfahrens können sie unter sich ausmachen. Eine anwaltliche Vertretung ist in Schiedsgerichtsverfahren nicht zwingend. Institutionelle Schiedsgerichte sind z.B. von den Industrie- und Handelskammern, von den Rechtsanwaltskammern, von Unternehmen oder auch innerhalb politischer Parteien eingerichtet.

Die Strafgerichtsbarkeit (32b) entscheidet über die strafrechtliche Verantwortlichkeit von Personen, denen die Begehung strafbarer Handlungen vorgeworfen wird. Für ein sog. Verbrechen ist dabei eine Freiheitsstrafe von mindestens einem Jahr vorgesehen; für ein Vergehen eine Freiheitsstrafe von weniger als einem Jahr oder eine Geldstrafe (§ 12 I, II Strafgesetzbuch, StGB). Das Strafrecht ist die Gesamtheit aller Normen, die Entstehung, Umfang und Durchsetzung des Strafanspruchs regeln. Ziel des Strafrechts ist es nicht, Gerechtigkeit herbeizuführen, sondern den Rechtsfrieden aufrechtzuerhalten. Rechtsfrieden herrscht, wenn es keinen Anlass für Rechtsstreitigkeiten gibt, was nicht bedeutet, dass alle Folgen früherer Rechtsverletzungen beseitigt sein müssen. Rechtsfrieden kann auch herrschen, wenn sich die Gemeinschaft mit zurückliegenden Rechtsverletzungen abgefunden hat.

In Verfahren – gleich vor welcher Gerichtsbarkeit – gelten außer dem bereits erwähnten Öffentlichkeitsgrundsatz (s.o. S.24) noch weitere Maximen, u.a.:

(33) a. Mündlichkeitsgrundsatz
     b. Anspruch auf rechtliches Gehör

Der **Grundsatz der Mündlichkeit** (33a) ist in allen Prozessordnungen festgehalten, vgl. § 101 I Verwaltungsgerichtsordnung (VwGO), § 128 ZPO und § 261 StPO. Nur mündlich vorgebrachte Gegenstände und Argumente dürfen die Grundlage für ein abschließendes Urteil bilden. Der Mündlichkeitsgrundsatz hat den Zweck, das Verfahren sowohl für die Prozessbeteiligten als auch für die Öffentlichkeit nachvollziehbar zu machen. Es gibt Eindrücke, die aus den Akten nicht hervorgehen: Ob ein Angeklagter Reue zeigt, ob ein Zeuge glaubwürdig ist – dies kann nur im persönlichen Erleben festgestellt werden.

Für ehrenamtliche Laienrichter, die sog. Schöffen, hat das Mündlichkeitsprinzip allerdings eine merkwürdige Konsequenz: Obwohl die Schöffen das gleiche Stimmrecht wie Berufsrichter haben, wird ihnen die Akteneinsicht verwehrt. Schöffen sollen ebenso wie Zeugen unvoreingenommen in die Verhandlung gehen; Aktenkenntnis, so wird argumentiert, widerspreche dem Mündlichkeitsprinzip und könne zur Befangenheit führen. Diese Auffassung des Schöffenamts wird von der Bundesrechtsanwaltskammer unterstützt und u.a. mit der nicht vorhandenen juristischen Ausbildung der Laienrichter begründet. Die *Deutsche Vereinigung der Schöffinnen und Schöffen* e.V. sieht das anders und verweist auf einschlägige Urteile des Bundesgerichtshofs (BGH) aus den Jahren 1960 und 1997. Aus den Urteilen ergibt sich, dass der BGH die Akteneinsicht der Schöffen für zulässig, teilweise sogar für geboten hält.

Jeder hat nach Art. 103 I GG Anspruch auf **rechtliches Gehör** vor Gericht (33b). Dieser Anspruch gewährt Verfahrensteilnehmern dreierlei: das Recht auf Akteneinsicht, das Recht auf Äußerung im Verfahren sowie das Recht auf Berücksichtigung dieser Äußerung bei der richterlichen Entscheidungsfindung. Der letzte Punkt ist natürlich nicht so zu verstehen, dass der Richter sich den vorgebrachten Argumentationen anschließen muss. Vielmehr muss sich der Richter mit den Argumenten auseinandersetzen; wenn er ihnen nicht folgen will, muss er sie widerlegen. Wie wenig selbstverständlich dies ist, zeigt kurioserweise der Fall einer Richterin. Die Bekanntschaft mit einem Reporter des *Spiegel*-Magazins machte eine Heidelberger Richterin in einem Prozess gegen mutmaßliche Terroristen verdächtig. Im Verfahren gelangten unerwünscht Informationen an die Presse. Obwohl viele Prozessbeteiligte als Informanten in Frage kamen, verdächtigte man ausschließlich die Richterin, weil diese mit dem Reporter K. vom *Spiegel* bekannt war. Wohnung und Büro der Richterin wurden durchsucht, ihr Computer beschlagnahmt und die Verbindungsnachweise ihres Mobiltelefons eingesehen. Die Beschwerde der Richterin gegen diese Maßnahmen wies das zuständige Landgericht ohne Begründung zurück. Dies sei nicht rechtens, entschied das BVerfG. Jeder Bürger habe einen Anspruch darauf, dass sich das Gericht mit seinen Argumenten auseinandersetzt. Die Pressemitteilung des BVerfG zum Beschluss kann im Netz nachgelesen werden: www.bundesverfassungsgericht.de/pressemitteilungen/bvg04-020.html.

Mit dieser allgemeinen Beschreibung der Gerichtsbarkeit in Deutschland wagen wir uns nun an ganz konkrete Strafprozesse.

3.2 Strafprozesse: Ablauf und Maximen

Ein Strafprozess setzt sich zusammen aus dem dreistufigen Erkenntnisverfahren und dem anschließenden Vollstreckungsverfahren (Alpmann/Brockhaus (2004:1239)):

(34) a. Erkenntnisverfahren
1. Ermittlungsverfahren
2. Zwischenverfahren
3. Hauptverfahren
b. Vollstreckungsverfahren

Zunächst untersucht die Staatsanwaltschaft im Ermittlungsverfahren, ob ein ‚hinreichender Tatverdacht' gegeben ist. Dies ist eine Beweislage, die es wahrscheinlich macht, dass die Staatsanwaltschaft im Hauptverfahren einen Antrag auf Verurteilung stellt. Bieten die Ermittlungen genügend Anlass zur Erhebung einer Anklage, erhebt die Staatsanwaltschaft Klage. Im Zwischenverfahren überprüft das Gericht diese Anklage. Kommt das Gericht zu demselben Schluss, eröffnet es das Hauptverfahren gegen den Angeklagten. Schließt eine Verurteilung das Erkenntnisverfahren ab, bildet dieses Urteil die Grundlage des sich anschließenden Vollstreckungsverfahrens.

In Kapitel 4 dieses Buches wird der Beitrag der Linguistik zum Ermittlungsverfahren (34a1) thematisiert, dabei wird es darum gehen, sprachliche Spuren im kriminalistischen Sinne zu deuten.

In diesem Kapitelabschnitt beschäftigen wir uns mit dem Hauptverfahren (34a3), das oft auch Strafprozess (im engeren Sinne) genannt wird. Der Ablauf des Hauptverfahrens ist durch §§ 226 - 275 StPO festgelegt, verkürzt gefasst ist es dieser:

(35) a. *Aufruf der Sache*
Der Vorsitzende des Gerichts stellt fest, ob der Angeklagte sowie die geladenen Zeugen und Sachverständigen erschienen sind.
b. *Vernehmung des Angeklagten zur Person*
Die Identität des Angeklagten wird überprüft (Name, Geburtsdatum, Anschrift, Beruf usw.).
c. *Verlesung des Anklagesatzes durch die Staatsanwaltschaft*
d. *Vernehmung des Angeklagten zur Sache*
Der Angeklagte bekommt Gelegenheit, sich zu den Vorwürfen zu äußern. Er darf von seinem Schweigerecht Gebrauch machen.
e. *Beweisaufnahme*
Das Gericht macht sich durch Vernehmung von Zeugen und Sachverständigen und durch Verwertung von Beweismitteln ein Bild von der Berechtigung der Vorwürfe. Die Staatsanwaltschaft, der Angeklagte und sein Verteidiger erhalten Gelegenheit, zu den einzelnen Beweismitteln Stellung zu nehmen oder Fragen zu stellen.

f. *Schlussvorträge und letztes Wort*
Es folgen die Schlussvorträge, beginnend mit dem des Staatsanwalts. Dem Angeklagten wird das letzte Wort eingeräumt.

g. *Urteilsberatung und -verkündung*
Das Gericht zieht sich zur Beratung zurück. Das Gericht entscheidet über die Schuld des Angeklagten nach seiner freien, aus dem Inbegriff der Hauptverhandlung geschöpften Überzeugung. Daraufhin wird das Urteil mündlich verkündet und begründet. Abschließend erfolgt eine Belehrung über mögliche Rechtsmittel gegen das Urteil.

Schauen wir uns eine typische Gerichtsszene an, einen Auszug aus einer Vernehmung des Angeklagten zur Person (35b):

R	**der Richter,**
A_1	*der Angeklagte 1,*
A_2	der Angeklagte 2 (Herr B.),
|	kennzeichnet gleichzeitig Gesprochenes

1	**R**		**Und wie viel Stunden arbeiten Sie im Monat, in der Woche?**
2	*A_1*		*Acht.*
3	**R**	|	**Acht. Also vierzig Stunden inner Woche. Mmh.**
4	*A_1*	|	*Acht am Tach. Vierzig Stunden.*
5	**R**		**Hamse schon mal ausgerechnet, was das gibt?**
6	*A_1*		*Nö, bis jetzt noch nich.*
7	**R**		**Nein? Is dochs erste, was man tut.**
8	A_2		Elf-elfhundert Mark kommen da raus.
9	**R**		**Herr B., sind Sie gefracht?**
10	*A_1*	|	*Dreizehnhundert kommen da raus*
11	**R**	|	**Elfhundert-dreizehnhundert netto.**
12	*A_1*		*Ja, kommen dann die Abzüge noch runter.*
13	**R**		**Was heißt ä- netto oder brutto?**
14	A_2		‚Brutto' muss' sagen.
15	**R**		**Herr B., sind Sie ruhig, sonst gehnse gleich ab durche Tür. Aber**
16			**hinter Gittern und nich nach Hause. Könnse nüchtern**
17			**werden.**
18	A_2		Sie ham früher Fußball gespielt, weiß ich noch, inner L.Strasse.
19	**R**		**Herr B., wenn Se noch einmaln Mund auftun, werf ich Se raus.**
20			**Nehm Sie in Ordnungshaft, ne.**
21	A_2		Is in Ordnung, ne.

(Abgewandelt von Hoffmann (1983:49))

In diesem sog. Transkript der Szene wird festgehalten, was gesprochen wird, Füllwörter und Partikel wie ‚ne' eingeschlossen. Man sieht, wer wem ins Wort fällt. Die sprachwissenschaftliche **Diskursanalyse** stellt in einem ersten Schritt fest, welche Sprechakte mit den jeweiligen Äußerungen vollzogen werden. Hierbei wird ‚Sprechakt' in Anknüpfung an Austin (1962) und Searle (1969) als sprachliche Handlung verstanden. Für obige Szene ergibt sich folgende Handlungsbeschreibung:

(36)

Zeile	*Sprecher, Sprechakt*	*Zeile*	*Sprecher, Sprechakt*
1	**R, Informationsfrage**	10	*A_1, Informieren*
2	*A_1, Informieren*	11	**R, Behaupten**
3	**R, Feststellen**	12	*A_1, Korrigieren*
4	*A_1, Bestätigen*	13	**R, Informationsfrage**
5	**R, Informationsfrage**	14	A_2, Ratschlag
6	*A_1, Zurückweisen*	15-17	**R, Drohen**
7	**R, Anzweifeln**	18	A_2, Behaupten
8	A_2, Behaupten	19-20	**R, Drohen**
9	**R, Zurechtweisen**	21	A_2, Einlenken

(Abgewandelt von Hoffmann (1983:49f.))

Dieser Tabelle kann man gut die Rollenverteilung während der Vernehmung entnehmen: Der Richter formuliert die Fragen (Z. 1, 5, 13) und stellt Behauptungen auf (Z. 11). Die Angeklagten dürfen nur informieren und bestätigen (Z. 2, 4, 10) – wenn sie (wie der Richter) Behauptungen aufstellen, werden sie zurechtgewiesen oder gar bedroht (Z. 8f, 18ff.). Den richterlichen Fragen kann man sich nicht entziehen, man kann sie als Angeklagter nicht zurückweisen (Z. 6, 7).

Aufbauend auf Tabellen wie (36) verallgemeinert die Diskursanalyse im zweiten Schritt Abfolgen von Sprechakten zu sog. sprachlichen Handlungsmustern. Ehlich/Rehbein (1986:137) definieren **sprachliche Handlungsmuster** als ‚spezifische Ensembles von Tätigkeiten und Tätigkeitsabfolgen', die durch institutionelle Zwecke determiniert werden. Für die Vernehmung des Angeklagten zur Person kann man das folgende Handlungsmuster aufstellen:

(37)

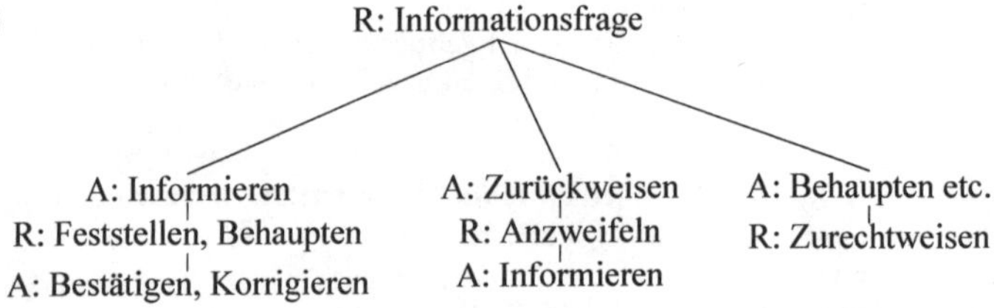

In diesem Handlungsmuster geht alles vom Richter (R) aus – er stellt die Fragen. Der Angeklagte (A) kann auf dreierlei Weise reagieren: er kann die Fragen beantworten (linker Zweig), er kann sie zurückweisen (mittlerer Zweig) oder er stellt Behauptungen auf (rechter Zweig). Der weitere Verlauf hängt davon ab, welche Reaktion A wählt – weist A beispielsweise die Frage zurück, wird R dies anzweifeln.

Aufgabe 13: Erstellen Sie für folgende Szene aus einer Vernehmung des Angeklagten zur Sache (35d) ebenfalls eine Tabelle mit Sprechakten in Analogie zu (36). Stellen Sie für die Abfolge der Sprechakte ein Handlungsmuster wie in (37) auf. (*R-Richter*, A-Angeklagter)

R Sie sind bisher aufgefallen wegen Verkehrsgeschichten, Fahren ohne Führerschein, und dann wegen Diebstahls.
A Ja. Führerschein hab ich jetzt seit 1972.
R Den ham Sie jetzt?
A Ja, den hab ich. Und jetzt bin ich glücklich verheiratet. Und die Jungs, wo ich früher alles mit gemacht hab, da hab ich jetzt keinen Kontakt mehr mit.
R Wann sind Sie denn entlassen worden?
A Am 12.1., und geheiratet am 28.2., also praktisch sechs Wochen später.
R Ihre Frau kannten Sie damals schon?
A Ja, kannt ich schon.
R Seit dem 12.1. haben Sie immer dieselbe Arbeitsstelle?
A Nein, die hatt ich nich.
R Sondern?
A Das ist jetzt die dritte Arbeitsstelle. Ja, ich hab Angst.
R Also ich verstehe, dass Sie Angst haben, wieder inne Kiste zu kommen.

(Abgewandelt von Hoffmann (1983:190f.))

Wir schreiten nun im Strafprozess fort zu (35e), der Beweisaufnahme. Was ist ein Beweis? In der StPO sind nur ganz bestimmte Beweismittel zugelassen: Zeugen (§§ 48 ff. StPO), Sachverständige (§§ 72 ff. StPO), Augenschein (§§ 86 ff. StPO), Urkunden (§§ 249 ff. StPO), Angaben des Angeklagten, insbesondere dessen Geständnis. Diese Beweismittel haben in der Verhandlung jedoch unterschiedliches Gewicht. Am meisten zählt die Aussage eines Sachverständigen, danach kommt der Augenschein des Richters, dann die Angaben des Angeklagten. Da Urkunden mit guten Kopierern leicht zu fälschen sind, kommt ihnen fast kein Gewicht zu. Zeugenaussagen werden ebenfalls kaum berücksichtigt, da die Erinnerung häufig unzuverlässig und nicht überprüfbar ist.

Aufgabe 14: Welches Beweismittel verstößt auf den ersten Blick gegen die in (33) genannten Maximen von Gerichtsverhandlungen? Wie kann der Verstoß wieder aufgehoben werden?

Nun können Aussagen von Zeugen und Angeklagten, die an sich als Beweismittel zugelassen sind, auf verschiedene Arten zustande gekommen sein. Bestimmte Methoden der Beweiserhebung sind verboten, die so erhobenen Beweise dürfen vor Gericht nicht verwertet werden. Unter Folter entstandene Aussagen gehören dazu, siehe § 136a StPO – Folter verstößt gegen die Menschenwürde. So klar dies auf den ersten Blick sein mag – nicht einmal der stellvertretende Frankfurter Polizeipräsident Wolfgang Daschner hat vor der Androhung von Folter zurückgeschreckt. Beim Entführungsfall Jakob von Metzler kam es zur Festnahme des Entführers, der die Entführung zwar gestand, aber nicht bereit war, den Ort anzugeben, an dem er das Opfer festhielt. Da Daschner um das Leben des Opfers fürchtete, entschloss er sich, dem Entführer Folter anzudrohen. Diese Maßnahme wurde kontrovers diskutiert. Viele vertraten die Ansicht, Daschner habe sich in einem schwerwiegenden Dilemma befunden, in dem er zwischen der Menschenwürde des entführten Kindes und der des Entführers habe abwägen müssen. Hierbei habe er sich letztlich zugunsten des Entführungsopfers entschieden. Von einer gegenteiligen Entscheidung wäre zudem zu befürchten gewesen, sich durch eine Schonung des Täters zum ‚Mordgehilfen' zu machen und die Glaubwürdigkeit des Rechtsstaates zu gefährden.

Der Fall Daschner macht eine wichtige Eigenschaft von Gerichtskommunikation deutlich: Sie ist gesteuert durch Maximen. Diese Maximen stehen teilweise miteinander in Beziehung, Maximen können einander widersprechen, manche sind wichtiger als andere. Im Fall Daschner steht die Menschenwürde des Entführers im Rahmen des § 136a StPO zur Menschenwürde des Kindes in einem Spannungsverhältnis. Kann die Glaubwürdigkeit des Rechtsstaates eher durch eine Verletzung von § 136a StPO oder durch eine Befolgung dieser Norm zum Preis des möglichen Todes eines unschuldigen Kindes gefährdet werden? Dies sind keine einfach zu beantwortenden Fragen.

Im deutschen Verfassungsrecht hat man eine Methode gefunden, Normenkollisionen zu lösen, und zwar durch das von Konrad Hesse eingeführte Prinzip der **praktischen Konkordanz**:

(38) In engem Zusammenhang damit steht das Prinzip *praktischer Konkordanz*: verfassungsrechtlich geschützte Rechtsgüter müssen in der Problemlösung einander so zugeordnet werden, daß jedes von ihnen Wirklichkeit gewinnt. Wo Kollisionen entstehen, darf nicht in […] „Wertabwägung“ eines auf Kosten des anderen realisiert werden. Vielmehr stellt das Prinzip der Einheit der Verfassung die Aufgabe einer Optimierung: *beiden* Gütern müssen Grenzen gesetzt werden, damit beide zu optimaler Wirksamkeit gelangen können. (Hesse 1995:28)

Beim sog. Mutzenbacher-Fall kollidierten Jugendschutz und Kunstfreiheit. Der Roman *Josefine Mutzenbacher. Die Geschichte einer wienerischen Dirne, von ihr selbst erzählt* erschien 1906 und wurde in den 1960er Jahren von der *Bundesprüfstelle für jugendgefährdende Schriften* auf den Index gesetzt. 1978 wollte der Rowohlt Verlag das Werk erneut drucken; dies mit der Begründung, der Roman sei nach heutiger Auffassung ein Kunstwerk. Die Bundesprüfstelle blieb bei ihrer Meinung, der Roman sei nichts weiter als Pornographie und verbot ihn weiterhin. Dagegen klagte Rowohlt, unterlag in allen Instanzen und erhob schließlich Verfassungsbeschwerde wegen Verletzung der Kunstfreiheit. Das BVerfG forderte eine praktische Konkordanz (Volltext der Entscheidung: www.oefre.unibe.ch/law/dfr/bv083130.html):

(39) Daß der Roman möglicherweise zugleich als Pornographie anzusehen ist, nimmt ihm nicht die Kunsteigenschaft. [...] Der Gesetzgeber darf sich zwar im Widerstreit der wissenschaftlichen Meinungen für die Auffassung entscheiden, daß [manche] Schriften [...] grundsätzlich geeignet sind, Kinder und Jugendliche sittlich zu gefährden. Er darf mit Rücksicht auf die Kunstfreiheit jedoch nicht anordnen, bei einer bestimmten Art besonders gefährdender Schriften genieße der Jugendschutz stets und ausnahmslos Vorrang. Gerät die Kunstfreiheit mit einem anderen Recht von Verfassungsrang in Widerstreit, müssen vielmehr beide mit dem Ziel der Optimierung zu einem angemessenen Ausgleich gebracht werden. [...] All dies erfordert eine Abwägung der widerstreitenden Belange und verbietet es, einem davon generell - und sei es auch nur für eine bestimmte Art von Schriften - Vorrang einzuräumen.
(BVerfGE 83, S. 130 ff.)

Auch die Maximen der Gerichtskommunikation, die wir in diesem Kapitel kennen gelernt haben (s.o. S.24, S.28), gelten nicht absolut. Öffentlichkeit, Mündlichkeit und Anspruch auf rechtliches Gehör stehen in Beziehung zu anderen Prinzipien. In Strafprozessen gilt das Öffentlichkeitsprinzip, allerdings nur, solange das Prinzip des Schutzes der Privatsphäre von Angeklagten und Zeugen dabei unverletzt bleibt. Wenn das Gericht vor der Wahl steht, entweder die Öffentlichkeit auszuschließen oder die Privatsphäre der Angeklagten und Zeugen zu verletzen, wird es in der Regel ersteres tun. Vor Gericht gilt der Mündlichkeitsgrundsatz, die Beteiligten eines Strafprozesses sowie der Richter haben allerdings auch Zugang zu schriftlichen Dokumenten, sie haben Akteneinsicht. Mündlichkeitsgrundsatz und Akteneinsicht stehen also für die Richter und Beteiligten eines Strafprozesses nicht miteinander in Konflikt. Anders sieht dies für Schöffen aus: bei Schöffen ist der Mündlichkeitsgrundsatz wichtiger, Akteneinsicht wird normalerweise nicht gewährt.

Es gibt linguistische Ansätze, die Maximeninteraktionen solcher Art beschreiben können, beispielsweise die sog. **Optimalitätstheorie**. Sie funktioniert ähnlich wie die praktische Konkordanz:

Strafprozess	Maxime$_1$	Maxime$_2$	Maxime$_3$
Situation A	*!		*
Situation B		*	*!
☞ Situation C		*	

Die verletzbaren Maximen werden in der Horizontalen entsprechend ihrer Bedeutung angeordnet. Die wichtigsten Maximen stehen vorne, in obiger Tabelle wäre also *Maxime$_1$* am wichtigsten. Man betrachtet nun für das Beispiel des Strafprozesses verschiedene Situationen A, B und C, diese stehen untereinander in der Vertikalen. A, B und C sind mögliche Gestaltungsweisen des Strafprozesses. Es gibt nur eine optimale Situation (daher der Name ‚Optimalitätstheorie'). Diese gilt es nun herauszufinden. Situation A verletzt die wichtigste Maxime, damit scheidet A aus dem Wettbewerb aus. Die Verletzung ist durch ‚*' gekennzeichnet, das Ausscheiden aus dem Wettbewerb mit ‚!'. Situation B und C erfüllen *Maxime$_1$*, verletzen aber beide *Maxime$_2$*. B und C verhalten sich unterschiedlich bezüglich *Maxime$_3$* – da nur C diese erfüllt, gewinnt C den Wettbewerb um die optimale Situation. Dies signalisiert das Symbol ‚☞' vor C.

Betrachten wir nun einen Strafprozess, bei dem es um die Unterbringung in einer psychiatrischen Anstalt geht. Eine optimalitätstheoretische Analyse ergibt Folgendes:

Strafprozess: Unterbringung in der Psychiatrie	Privatsphärenschutz	Öffentlichkeit	Mündlichkeit	Akteneinsicht für Berechtigte
Situation A: Öffentlicher Prozess, Schöffen haben Akteneinsicht	*!			*
Situation B: Öffentlicher Prozess, Schöffen haben keine Akteneinsicht	*!			
Situation C: Nichtöffentlicher Prozess, Schöffen haben Akteneinsicht		*		*!
☞ Situation D: Nichtöffentlicher Prozess, Schöffen haben keine Akteneinsicht		*		

Optimal für diesen Strafprozess wäre also Situation D: ein nichtöffentlicher Prozess, bei dem die Schöffen keine Akteneinsicht haben. Zwar wird in Situation D das Öffentlichkeitsprinzip verletzt, wichtiger ist es jedoch, die Privatsphäre des Angeklagten zu schützen.

Aufgabe 15: Entwerfen Sie eine optimalitätstheoretische Tabelle im Stil obiger Tabellen für einen Strafprozess, bei dem es um Diebstahl geht.

Wir kommen nun zum letzten Abschnitt des Strafprozesses, zur Urteilsberatung und Urteilsverkündung. In (35g) heißt es, das Gericht entscheidet nach seiner ‚freien, aus dem Inbegriff der Hauptverhandlung geschöpften Überzeugung'. Nach diesem in § 261 StPO festgehaltenen Prinzip der sog. freien Beweiswürdigung entscheidet der Richter im Hinblick auf die Schuld oder Unschuld des Angeklagten allein nach seiner persönlichen Überzeugung. Er ist also nicht, wie dies teilweise in früheren Rechtsordnungen der Fall war, an feste Beweisregeln gebunden. Beispielsweise gab es in mittelalterlichen Hexenprozessen eine Pflicht zur Verurteilung, wenn zwei Zeugen die Angeklagte beschuldigten (‚durch zweier Zeugen Mund wird allerwegs die Wahrheit kund', eine Regel biblischen Ursprungs, 5. Mos. 17, 6). Um der Gefahr richterlicher Willkür entgegenzuwirken, sieht das Gesetz zum Ausgleich zur freien Beweiswürdigung relativ strikte Regeln über die Beweisaufnahme (35e) vor – auch hier liegt also ein Wechselspiel juristischer Maximen vor.

Nun soll im Strafprozess über Schuld oder Unschuld des Angeklagten entschieden werden, eine Verurteilung oder ein Freispruch soll das Hauptverfahren abschließen. Nicht immer ist dies jedoch der Fall, sehr häufig werden Verfahren unter Auflagen eingestellt. Dies ist möglich, wenn sich alle Beteiligten kooperativ verhalten. Der Linguist Paul Grice hat das sog. **Kooperationsprinzip** aufgestellt:

(40) Gestalte deinen Redebeitrag jeweils so, wie es der akzeptierte Zweck oder die akzeptierte Richtung des Gesprächs gerade erfordert.
(Grice 1989)

Als ein Beispiel für die kooperative Einstellung eines Verfahrens sei das folgende angeführt:

(41) Es ist Anklage wegen schweren Raubes erhoben worden. Der Angeklagte hat das Opfer durch einen Schlag mit der Bierflasche betäubt und ihm dann die Geldbörse weggenommen. Der Angeklagte ist im Hauptverfahren, bei dem das mittlerweile wieder versöhnlich gestimmte Opfer nicht

erscheint, geständig. Die Tat hat sich im Männerwohnheim abgespielt, Angeklagter und Opfer kennen sich, trinken und streiten oft zusammen. So auch am Abend der Tat: Der Angeklagte sagt aus, auf die Idee mit der Geldbörse sei er erst gekommen, als das Opfer so dagelegen habe. Er habe ihm das Geld schon zurückgegeben und wolle gerne etwas arbeiten. Der Staatsanwalt regt daraufhin an, dass kein ‚schwerer Raub' vorgelegen hat. So wird der Schlag als Körperverletzung gedeutet, der nur zufällig von einem Diebstahl gefolgt wurde. Das Verfahren wird gegen eine Arbeitsauflage eingestellt.
(Stark abgewandelt von Seibert (2005:463))

Das versöhnlich gestimmte Opfer hat kein Interesse an der Bestrafung des Täters. Der Angeklagte zeigt sich durch die Zurückgabe des Geldes und sein Arbeitsangebot ebenfalls versöhnlich. So findet die von allen ‚akzeptierte Richtung des Gesprächs', von der Grice im Kooperationsprinzip spricht, findet ihr Ziel in einer Bestrafung von zwei leichteren Vergehen anstelle des ‚schweren Raubs'.

Oft wird das Kooperationsprinzip angewendet, um außerhalb des Gerichtssaals zu Kompromissen zu gelangen. Unter Einfluss amerikanischer Kriminalfilme wird dies im allgemeinen Sprachgebrauch als ‚**Deal**' bezeichnet, unter Juristen ist die Bezeichnung ‚Verständigung im Strafverfahren' üblich. Das Interesse des Gerichtes und der Staatsanwaltschaft besteht dabei darin, dass sich der Angeklagte bei einer gelungenen Verständigung zu einem Geständnis bereitfindet. Dadurch können Dauer und Aufwand des Verfahrens reduziert werden. Für den Angeklagten hat eine Verständigung weitere Vorteile: Er erlangt eine relative Sicherheit über den Ausgang des Verfahrens, und das Geständnis wirkt sich für ihn strafmildernd aus.

Das amerikanische und das deutsche Strafrecht unterscheiden sich allerdings erheblich, weswegen ein amerikanischer Deal mit einer deutschen ‚Verständigung' nicht vergleichbar ist. In den USA darf das Gericht die Strafanträge der Staatsanwaltschaft nicht überschreiten, und der Verfahrensstoff kann von den Prozessbeteiligten bestimmt werden. Ähnlich funktioniert das deutsche Zivilrecht, nicht allerdings das deutsche Strafrecht. Im deutschen Strafrecht gilt der sog. Amtsermittlungsgrundsatz. Er besagt, dass der Sachverhalt von Amts wegen, also vom Gericht, durch Beweiserhebungen festgestellt werden muss. Es liegt in der Verantwortung des Staates, den Sachverhalt selbstständig objektiv zu erforschen. Es darf nicht den ‚Parteien' Staatsanwaltschaft und Verteidigung überlassen werden, Be- und Entlastendes zusammenzutragen und gegeneinander auszuhandeln. In der rechtswissenschaftlichen Literatur wird häufig darauf hingewiesen, das Strafrecht sei grundsätzlich vergleichsfeindlich. Ein ‚Handel mit der Gerechtigkeit' sei dem

Rechtsstaat fremd und habe zu unterbleiben. Dennoch kommen Absprachen in der Praxis häufig vor, was schließlich auch – mit vielen Einschränkungen – vom BGH anerkannt wurde.

Aufgabe 16: Der BGH hat 1997 und 2005 zwei wesentliche Urteile in Sachen Absprachen im Strafrecht getroffen. Lesen Sie diese im Internet nach: www.oefre.unibe.ch/law/dfr/bs043195.html und www.bundesgerichtshof.de/ (Aktenzeichen GSST 1/04). Welche Grenzen setzt der BGH den Absprachen?

3.3 Zusammenfassung

- Gerichtsverhandlungen sind grundsätzlich öffentlich und mündlich, allen Beteiligten steht rechtliches Gehör zu.
- Jede Gerichtsbarkeit hat ihre eigene Prozessordnung und ihr eigenes Recht.
- Die Diskursanalyse ist geeignet, den Ablauf der sprachlichen Handlungen sowie Handlungsmuster in Gerichtsverfahren zu beschreiben.
- Juristische Maximen machen oft ein Abwägen notwendig; dies kann die Optimalitätstheorie erfassen.
- Der juristische Alltag folgt oft dem Kooperationsprinzip von Grice, bis hin zur Verständigung im Strafverfahren.

Grundbegriffe: Deal, Diskursanalyse, Kooperationsprinzip, Mündlichkeitsgrundsatz, Optimalitätstheorie, praktische Konkordanz, rechtliches Gehör, sprachliche Handlungsmuster

Weiterführende Literatur: Sammelbände mit lesenswerten Beiträgen zur Gerichtskommunikation sind Hoffmann (1989) und Röhl (1987). Monographien über Gerichtskommunikation sind Hoffmann (1983) zur mündlichen und Seibert (1981) zur schriftlichen Kommunikation. Aufschlussreiche Aufsatzbeiträge sind Schütze (1978) zur Kommunikation in Wehrdienstverweigerungsverfahren, Grewendorf (2002) über die Pragmatik des Patentrechts und Ehrich (1981) über linguistische Aspekte forensischen Argumentierens. Eine Anwendung der Optimalitätstheorie auf forensische Kontexte gibt es noch nicht; eine Einführung in die Theorie selber bieten Archangeli/Langendoen (1997).

4. Kriminalistik

Im letzten Kapitel haben wir gesehen, wie man Gerichtskommunikation analysieren kann. Damit es überhaupt zur Kommunikation vor Gericht kommt, muss in Strafprozessen das dreistufige Erkenntnisverfahren eingeleitet werden (Wesel 2002:242f.). Zunächst untersucht die Staatsanwaltschaft im Ermittlungsverfahren, ob ein ‚hinreichender Tatverdacht' gegeben ist. Dies ist eine Beweislage, die es wahrscheinlich macht, dass die Staatsanwaltschaft im Hauptverfahren einen Antrag auf Verurteilung stellt. Bieten die Ermittlungen genügend Anlass zur Erhebung einer Anklage, erhebt die Staatsanwaltschaft sie. Im Zwischenverfahren überprüft das Gericht diese Anklage. Kommt das Gericht zu demselben Schluss, eröffnet es das Hauptverfahren gegen den Angeklagten.

Dieses Kapitel thematisiert den Beitrag der Linguistik zum ersten Abschnitt des Erkenntnisverfahrens, dem **Ermittlungsverfahren**. Eingeleitet wird das Ermittlungsverfahren meist durch eine Strafanzeige. Die Staatsanwaltschaft ist ‚Herrin' des Ermittlungsverfahrens, sie wird in der praktischen Arbeit von der Polizei unterstützt. Bei der Ermittlungstätigkeit ergreift die Staatsanwaltschaft alle für die Beweisführung zulässigen Maßnahmen: sie sucht nach Spuren, sie vernimmt Verdächtige und Zeugen, durchsucht Wohnungen und beschlagnahmt Gegenstände.

Sprachliche Spuren und Beweise können mündlicher Art sein und sind Thema in Abschnitt 4.1. Beim erpresserischen Menschenraub z.B. wird häufig das Telefon zur Kontaktaufnahme mit den Angehörigen des Opfers benutzt. Sprachliche Beweise können auch aus der geschriebenen Sprache stammen, beispielsweise in Form von Droh- oder Erpresserbriefen. Mit schriftlichen Evidenzen dieser Art beschäftigt sich Kapitel 4.2.

4.1 Gesprochene Sprache: Sprechererkennung

Sprechererkennung gibt es schon in der Bibel (1. Mose 28): Jakob imitiert vor seinem blinden Vater Isaak seinen Bruder Esau, um sich das eigentlich Esau zustehende Erstgeburtsrecht zu verschaffen. Isaak erkennt Jakob zwar an der Stimme, lässt sich letztlich aber von einer anderen ‚Evidenz' leiten: Esau hat eine extrem starke

Körperbehaarung, weswegen Jakob sich ein Schaffell über den Arm gelegt hat. Isaak glaubt seiner Sprechererkennung nicht – zu Recht? Ist Sprechererkennung wirklich so unzuverlässig?

Von zwei Aufnahmen A und B sei A der 15 Sekunden dauernde Anruf eines Erpressers, B sei eine Stimmprobe einer Person, die man verdächtigt, eben dieser Erpresser zu sein. Es geht nun darum, die Identität/Nichtidentität der Sprecher von A und B zu ermitteln. Bei der Stimmenanalyse sind u.a. folgende Merkmale zu berücksichtigen:

(42) a. Stimmparameter
- Sprechstimmlage
- Melodik der Stimme
- Stimmqualität (z.B. Knarrstimme)

b. Sprechparameter
- Dialekt
- fremdsprachiger Akzent
- Sprechtempo
- Soziolekt
- individuelle Merkmale (z.B. Sprachstörungen)
- Verteilung von Pausen

Selten wird es jedoch möglich sein, für alle diese Merkmale aussagekräftige Befunde zu bekommen. Die Stimmproben sind womöglich zu kurz und von zu schlechter Qualität, die Telefonübertragung beschneidet den analysierbaren Frequenzbereich der Stimme, hinzu kommen Störgeräusche aus dem Hintergrund. Der Erpresser kann seine Stimme verstellen oder durch Geräte verzerren lassen.

Wenn man zwei Stimmproben anhand der Merkmale in (42) vergleicht und zu dem Schluss kommt, dass sie nicht identisch sind, kann dies ein Trugschluss sein: Neben Variationen zwischen Sprechern (*between-speaker variation*) gibt es für viele Merkmale ebenso große Variation bei ein und demselben Sprecher (*within-speaker variation*). Bei einer vorübergehenden Atemwegserkrankung, unter Stress und unter Einfluss von Alkohol oder Drogen verändern sich Sprechen und Stimme.

Aufgabe 17: Lesen Sie die beiden Abschnitte vor dieser Aufgabe laut in einem normalen Sprechtempo und zeichnen dies auf. Tun Sie dies an drei verschiedenen Tagen in unterschiedlichen Situationen: morgens direkt nach dem Aufwachen, am zweiten Tag am späten Abend nach Alkoholkonsum oder im Zustand großer Müdigkeit. Am dritten Tag versuchen Sie, direkt nach einer für Sie stressigen Situation eine Aufnahme zu machen. Werten Sie dann Ihre drei Aufnahmen aus, machen Sie dabei Angaben zu folgenden Parametern: Sprechtempo (in Silben pro Sekunde – achten Sie aber auch darauf, wie viele deutliche

Pausen Sie machen), Fehlerrate (in Fehlern pro Wort, als Fehler zählen Versprecher, fehlerhafte Betonung, ausgelassenes oder hinzugefügtes Material), Dialekteinfärbung (lesen Sie den Text so nah am Hochdeutschen wie möglich, zur Auswertung bitten Sie jemanden, der Ihren Dialekt nicht spricht, hinzu – wie viele Wörter klingen dialektal?).

Im Folgenden werden die wichtigsten Sprech- und Stimmparameter aus der Übersicht in (42) näher erläutert. Je sprecherspezifischer ein Merkmal ist, desto bedeutsamer ist es im Ermittlungsverfahren, weil sich so der Kreis der Verdächtigen eingrenzen lässt.

Ein wichtiges Merkmal bei der Sprechererkennung ist die mittlere Sprechstimmlage (42a), die „mittlere Tonhöhe beim Sprechen, von der für jeweils kurze Zeit die Satzmelodie nach oben und unten abweicht" (Böhme 1974:22). Was man als Tonhöhe wahrnimmt, ist akustisch gesehen die Stimmbandgrundfrequenz (oder auch einfach **Grundfrequenz**). Die Grundfrequenz ist die Anzahl der Schwingungen der Stimmlippen pro Sekunde, angegeben wird dies in Hertz (abgekürzt Hz). Die Stimmlippen (oft auch Stimmbänder genannt) sind zwei mit Schleimhäuten überzogene elastische Muskelstränge, die sich im Kehlkopf (Larynx) befinden, wo sie vorn am Schildknorpel und hinten an den Stellknorpeln befestigt sind. Der Schildknorpel ist bei Männern am Hals gut sichtbar als ‚Adamsapfel'. Der Ort der Stimmbildung oder Phonation ist der Spalt zwischen den Stimmlippen, auch Glottis genannt. Die folgende Abbildung zeigt einen schematischen Querschnitt des Kehlkopfes von oben gesehen, auf Höhe der Glottis.

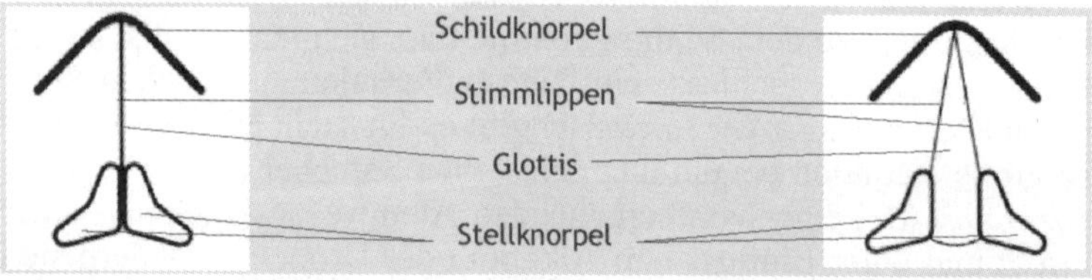

Abbildung 3: Kehlkopf, entsprechend dem Bild bei einer Kehlkopfspiegelung

Im rechten Bild berühren sich die Stimmlippen nicht, die Glottis ist geöffnet. Dies ist die Atemstellung. Kommen sich die Stellknorpel näher, schließt sich die Glottis wie in obiger Abbildung im linken Bild. Bei der Phonation geschieht, was in Abbildung 4 ganz links zu sehen ist: Die Stimmlippen sind nahe beieinander, Luft aus der Lunge passiert die Stimmlippen und kann sie so in quasiperiodische Schwingungen versetzen.

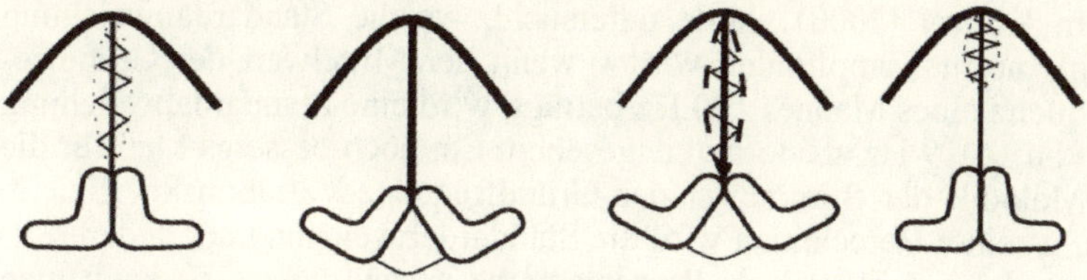

Abbildung 4: Unterschiedliche Glottisstellungen. Von links nach rechts: Phonation, Flüstern, Behauchung, Knarrstimme

Die Stimmlippen-Schwingungen pro Sekunde ergeben die sprecherspezifische Grundfrequenz. Der statistische Mittelwert der Grundfrequenz für Männer im Alter zwischen 20 und 80 Jahren beträgt zwischen 110 und 130 Hz (Künzel 1987:81). Ein stimmlich ‚durchschnittlicher' Mann ist schwer zu identifizieren – nach oben oder unten abweichende Grundfrequenzen sind selten, also verräterisch. Eine auffällig hohe Stimme führte zur Aufklärung des Polizistenmords in Holzminden: Anfang der neunziger Jahre hat ein Mann zusammen mit seinem Bruder zwei Polizisten in Holzminden ermordet. Seine Stimme hatte eine Grundfrequenz von 179 Hz, so ungewöhnlich hoch spricht nur einer von 2000 Männern.

Frauen und Kinder haben hohe Stimmen aufgrund des kleineren Kehlkopfes und der kürzeren Stimmlippen, denn die Länge der Stimmlippen bestimmt die Schwingungsfrequenz: kürzere Stimmlippen schwingen schneller, d.h. die Schwingungsfrequenz ist höher. So ist die durchschnittliche Grundfrequenz der Frauen mit 200 bis 300 Hz knapp doppelt so hoch wie die der Männer (Künzel 1987:82), wobei sie mit dem Alter, anders als bei Männern, deutlich absinkt. Eine Kinderstimme liegt bei 300 Hz und höher.

Aufgabe 18: Ein Parameter, der sowohl weibliche als auch männliche Grundfrequenzen verändert, ist die Lautstärke. Lassen Sie sich den vorigen Satz dreimal von jemandem vorlesen: einmal in normaler Lautstärke, einmal leise, einmal sehr laut. Wie verändert sich die Tonhöhe? Wie erklären Sie sich diese Veränderungen? Lesen Sie dazu Jessen et al. (2005).

Ein weiterer Stimmparameter in der Sprechererkennung ist die Melodik der Stimme, vgl. (42a). Jeder kennt eher ‚monotone' oder eher ‚lebendige' Stimmen. Auch für diesen Eindruck gibt es ein akustisches Äquivalent: die Standardabweichung vom Mittelwert der Grundfrequenz. Auf die genaue Berechnung soll hier verzichtet werden, aber ein Beispiel mag den Nutzwert dieser Größe erläutern:

In Künzel (2000) wurde untersucht, welche Standardabweichung als normal empfunden wird – wenn der Mittelwert der Grundfrequenz eines Mannes 120 Hz beträgt, wird eine Standardabweichung von 16-19 Hz als normal angesehen. Ein noch besseres Maß für die Melodik der Stimme ist der Grundfrequenz-Variationskoeffizient. Zu seiner Berechnung wird die Standardabweichung durch den Mittelwert geteilt und als Prozentangabe ausgedrückt – so kann man vermeiden, dass Mittelwert und Variabilität korreliert sind. Variationskoeffizient-Werte zwischen 15-21% werden als normal angesehen (Jessen et al. 2005); geringere Werte nimmt man als besonders monoton, höhere Werte als besonders melodiös wahr. Die Melodik einer Stimme ist stark von der psychischen Situation abhängig; bei Depressionen z.B. ist eine ‚monotonere' Stimme normal.

Auch die **Stimmqualität** (vgl. (42a)) kann in der Sprechererkennung ein aufschlussreicher Parameter sein, wobei man laryngale Qualitäten (also solche, die sich auf den Kehlkopf (Larynx) beziehen) von supralaryngalen Qualitäten unterscheidet. Ein supralaryngales Merkmal ist beispielsweise Nasalität, wenn also mehr Laute als normal näselnd ausgesprochen werden. Bei den laryngalen Qualitäten unterscheidet man den ‚normalen' Phonationstyp (auch Brustregister genannt) von anderen, teils pathologischen Phonationstypen: dem Falsett, der behauchten Stimme, der rauen Stimme, der gepressten Stimme, der schwachen (asthenischen) Stimme, der Flüsterstimme und der Knarrstimme. Exemplarisch wird hier nur auf letztere eingegangen. Bei einer Knarrstimme (*creaky voice*) gibt es eine gewisse Variationsbreite, aber in der Regel bleibt der hintere Teil der Stimmlippen während der Phonation geschlossen, wie in Abbildung 4 ganz rechts zu sehen ist. Die Grundfrequenz ist sehr tief und unregelmäßig. Typischerweise tritt die Knarrstimme am Ende von inhaltlich-semantischen und syntaktischen Einheiten auf, an denen die Stimme ohnedies tiefer wird, also z.B. am Ende des Satzes. Knarrstimmen sind jedoch bei beiden Geschlechtern sehr häufig, tragen also alleine zur Sprechererkennung wenig bei. Die Knarrstimme wird allerdings dann zum besonderen Kennzeichen einer Person und somit nützlich für die Sprechererkennung, wenn sie über die ‚normale' Verteilung hinaus vorkommt, was beispielsweise bei einer Kehlkopfentzündung oder Tumoren (wie z.B. den sog. Schreiknötchen) auf den Stimmlippen zu beobachten ist.

Kommen wir nun zu einigen der Sprechparameter aus (42b). Der Dialekt ist ein Merkmal, das Sprecher regional kategorisiert. Der sprachwissenschaftliche Laie unterstellt oft einen klaren Gegensatz zwischen Hochdeutsch und Dialekt. Tatsächlich ist die Situation komplizierter: es gibt um die 30 Dialekte des Deutschen (Wiesinger 1970, Zirmunskij 1962), und der Begriff ‚hochdeutsch' meint in der Sprachwissenschaft etwas ganz anderes als im allgemeinen Sprachgebrauch. Die mitteldeutschen und oberdeutschen Dialekte bilden zusammen die Gruppe der hochdeutschen Dialekte; in diesem Sinn steht das Hochdeutsche den niederdeutschen Dialekten gegenüber.

Aufgabe 19: Besuchen Sie die Arbeitsstelle ‚Sprache in Hessen' im Internet (web.uni-marburg.de/sprache-in-hessen/). Gehen Sie dort auf ‚Dialektproben' und dort wiederum auf ‚Deutsche Dialekte', das ist der unterste Link im linken Navigationsfenster. Es erscheint eine interaktive Karte. Welche Dialekte gehören a) zum Niederdeutschen, b) zum Mitteldeutschen, c) zum Oberdeutschen?

In der Realität wird allerdings selten ein Dialekt in Reinform gesprochen, sondern eine mehr oder minder stark regional gefärbte Umgangssprache; oft unterdrücken Täter zur Geheimhaltung ihrer Herkunft auch bewusst den Dialekt. Im Rahmen seiner fast zwanzigjährigen Tätigkeit am BKA ließ Hermann Künzel Stimmproben von 200 regional gefärbten Umgangssprachen phonetisch transkribieren und in eine Datenbank eingeben (Künzel 2001). Diese Datenbank ist Grundlage eines Expertensystems, also eines Systems, das zwar das personengebundene Wissen von Experten umfasst, aber auch von Nichtexperten benutzt werden kann. Die Sachverständigen an den staatlichen Stellen sind in der Regel keine Dialektologen, sondern Phonetiker, Philologen oder auch Ingenieure für Nachrichtentechnik. Mithilfe des dialektologischen Expertensystems können auch diese Sachverständigen zuverlässig eingrenzen, aus welcher Gegend ein Täter stammt. Von welch immens wichtiger Bedeutung die dialektale Einordnung ist, verdeutlicht das Beispiel des Kaufhauserpressers Arno Funke alias Dagobert. Funke sprach über längere Zeit per Telefon Bombendrohungen gegen ein großes Berliner Kaufhaus aus, die dialektologische Analyse ergab Relikte eines westpfälzischen Akzents. Da zum Zeitpunkt der Tat nur zwei Sprecher aus genau dieser Region in Berlin für ähnliche Straftaten bekannt waren, konnte Funke schnell ermittelt werden (wenn auch nicht schnell gefasst).

Die deutschen Dialekte unterscheiden sich meist im Wortschatz (z.B. sind *Seelen* im Schwäbischen eine Art von Brot) und in der Phonetik. Typisch für viele niederdeutsche Dialekte ist beispielsweise eine sog. Spirantisierung von /g/ im Wortauslaut, beispielsweise wird *Hamburg* (nicht nur von Hamburgern) als ‚Hamburch' ausgesprochen. Typisch für viele westmitteldeutsche und süddeutsche Dialekte ist eine Aussprache von /s/ als [ʃ] (‚sch'), meist am Silbenende vor einem /t/, *Polizist* wird also [politsɪʃt] (‚Polizischt') ausgesprochen. In Siebs/Boor (2000) gibt es unter der Rubrik ‚Landschaftliche Besonderheiten' eine schöne Sammlung solcher Nord-Süd-Regionalismen.

Aufgabe 20: Besuchen Sie die Seite von Wolfgang Näser (staff-www.uni-marburg.de/~naeser/dial-aud.htm), die dialektale Tondokumente aus vielen Dialekten des Deutschen enthält. Eventuell benötigt Ihr Audio-Player ein zusätzliches Programm, um die Dateien abspielen zu können. Wenn dies der Fall sein sollte, werden Sie automatisch darauf hingewiesen. Die Dateien sind in einer Tabelle weiter unten auf der Webseite verlinkt. Achten Sie auf die Aussprache von *bist* und *musst*: bei welchen Dialekten wird /s/ als [ʃ] (‚sch') realisiert?

Das **Sprechtempo** ist in einem hohen Maße sprecherspezifisch, was der Alltagsintuition widersprechen mag – hat man doch manchmal den Eindruck, schnell und flüssig reden zu können, an anderen Tagen wiederum sehr langsam zu sein. Dieser Eindruck kommt dadurch zustande, dass man nicht zwischen Silben- und Artikulationsrate differenziert. Die Silbenrate ist die Anzahl der Silben pro Sekunde ohne Abzug von Pausen, für die Artikulationsrate subtrahiert man die Pausen. Warum sind die Pausen so wichtig? Bei normaler Sprechweise werden nur 50-60% der Zeit zur Lauterzeugung verwendet, 40-50% hingegen auf Pausen. In den Pausen wird Atem geholt, vor allem aber die weitere Rede geplant, weswegen die Dauer der Pausen vor allem davon abhängt, wie schwierig das Thema der Unterhaltung ist. Subtrahiert man die Pausen, berechnet also die reine Artikulationsrate, erhält man einen Wert, der zu einem hohen Grad sprecherspezifisch ist (Goldman Eisler 1968, Künzel 1997, Künzel et al. 1995). 4,5 bis 5 Silben pro Sekunde sind normal, attestierte Extremwerte sind 3,2 und 7,5 Silben pro Sekunde (Künzel 1987:90).

Bleiben wir bei den Pausen – sie können ungefüllt oder gefüllt sein, ganz allgemein nennt man sie **Häsitationen** (Verzögerungen). Auch sie sind im hohen Maße sprecherspezifisch, werden sie verschriftet, deutet sich die Vielfalt an: *ähem, ehem, hm, m, eh* etc. Häsitationen unterscheiden sich in der Vokaldauer und –qualität (von [ə] bis [ɒ] ist alles möglich), im Vorhandensein des [m] (dessen Nasalität sich teilweise auch auf den vorangehenden Vokal ausbreitet) und im Vorhandensein eines initialen Glottalverschlusses. Auch das Zahlenverhältnis von ungefüllten zu gefüllten Pausen ist teilweise sprecherspezifisch. Rhetorisch geschulte Personen verzichten meist auf die gefüllten Pausen und längen stattdessen das finale Segment des Wortes, häufig abwechselnd mit ungefüllten Pausen.

Aufgabe 21: Hören Sie sich folgenden Podcast an (31.07.2006, WDR5, Presseclub): www.wdr5.de/podcast/mp3/060730presseclub.mp3. Welche Häsitationen treten bei den Sprechern (Matthias Gierth (Rheinischer Merkur), Karl Feldmeyer (Freier Journalist), Martin Klingst (Die Zeit), Sabine Rosenbladt (Internationale Politik), Andreas Zumach (die tageszeitung)) auf? Transkribieren Sie alle Häsitationen und machen Sie genaue Häufigkeitsangaben pro Person, beziehen Sie auch ungefüllte Pausen und finale Segmentlängungen in Ihre Auswertung ein.

Zurück zur biblischen Sprechererkennung. Isaak erkennt als sprachwissenschaftlicher Laie den täuschenden Jakob an der Stimme, weil er mit ihm besonders gut vertraut ist. Die Sprechererkennung durch Laien kann allerdings fehlgehen, wenn die Dauer der Stimmprobe kurz ist oder die personentypischen Erkennungszeichen, beispielsweise Begrüßungs- und Verabschiedungssequenzen, ausfallen (Künzel 1987:30). Meist aber sind Täter und Opfer nicht gut vertraut, umso problematischer ist in diesen Fällen die Sprechererkennung durch Laien.

Ein berühmtes Beispiel für die Laien-Problematik ist der Prozess gegen Bruno Richard Hauptmann, der wegen Entführung und Ermordung des 20 Monate alten Sohns des Luftfahrtpioniers Charles Lindbergh zum Tode verurteilt wurde. Lindberghs Sohn verschwand 1932, per Telefon wurden Lösegeldforderungen gestellt. Wesentlich für das spätere Urteil war die Aussage Charles Lindberghs, der drei Jahre nach der Tat in der Stimme Hauptmanns die des seinerzeitigen Anrufers erkannt haben wollte. Lindberghs Behauptung wurde bereits damals in Fachkreisen stark kritisiert. Frances Mc Gehee hat gezeigt (Mc Gehee 1937, 1944), dass das Erinnerungsvermögen stark zeitabhängig ist: zwei Tage nach Anhören einer Stimmprobe wird noch zu 83% korrekt identifiziert, nach fünf Monaten nur noch zu 13%.

Wenn nicht der Laie, sondern der Experte Sprechererkennungen vornehmen soll, welche Möglichkeiten stehen ihm zur Verfügung? Zuerst wird die traditionelle **Ohrenphonetik** angewandt, d.h. das Tonmaterial wird von einem geschulten Phonetiker abgehört und gleichzeitig eine Transkription des Gehörten angefertigt, also eine Umschrift, die eine Abbildung aller Details erlaubt. Hier (und in der

Linguistik allgemein) hat sich das System der *International Phonetic Association* (IPA) durchgesetzt, dessen Symbole man hier einsehen kann: www.arts.gla.ac.uk/IPA/images/ipachart.gif. An zu notierenden Details kann sehr viel von forensischer Bedeutung sein: Wortakzent, Satzakzent (Intonation), Einzelheiten der Artikulation (z.B. Lippenrundungen, Lautlängungen, Aspirationen) etc. Eine diese Details erfassende Transkription nennt man eng oder auch impressionistisch. Hier ein Beispiel aus Künzel (1987:36f.):

(43) a. Der Polizist wird –äh- von den Bankräubern freudig begrüßt
b. [dɛə pʰɔlɪˈtsɪst v͡ɪətʰ əː fɔnːˈbaŋkʁɔʏbɛənˈˈfxɔʏdɪç bəˈg̊ʁʏːstʰ]

Der zweite Schritt der Analyse ist die **Instrumentalphonetik**, die elektroakustische Registrier- und Speichergeräte nutzt. Eines dieser Geräte ist der Oszillograph, der Luftdruckschwankungen des Schalls, die ein Mikrofon aufgenommen hat, in ein elektrisches Signal umwandelt und auf einer Kathodenstrahlröhre sichtbar macht; heute geschieht dies digital. Das Ergebnis dieser Aufzeichnungen nennt man Oszillogramm, siehe die folgende Abbildung.

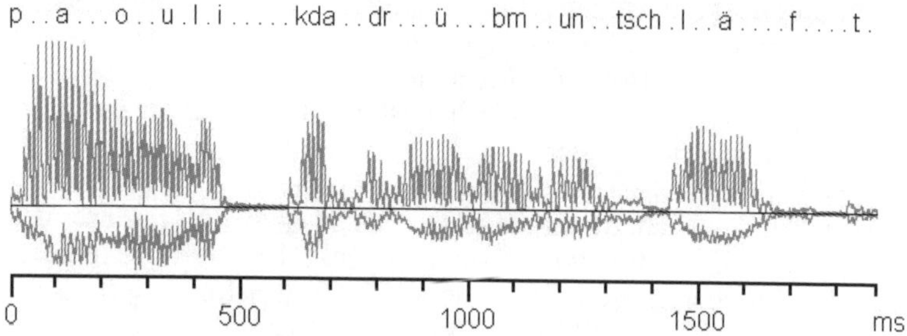

Abbildung 5: Oszillogramm des Satzes *Paul liegt da drüben und schläft.* Mit freundlicher Genehmigung des Instituts für Psycholinguistik, LMU München

In der Senkrechten wird dabei der Luftdruck am Mikrophon abgetragen, in der Waagerechten die Zeit in Millisekunden (ms). Wie im Oszillogramm gut erkennbar, wird der Atem vor den stimmlosen Plosiven /p, t, k/ kurz gestoppt. Sprecherspezifische Artikulationsweisen sind im Oszillogramm leicht zu erkennen - eine starke Aspiration z.B. führt zu starken senkrechten Auslenkungen.

Aufgabe 22: In der Schriftsprache sind Buchstaben klar voneinander getrennt, zwischen Wörtern stehen Leerzeichen. Entsprechen die Pausen im obigen Oszillogramm diesen Leerzeichen? Wie ist die Korrespondenz von Lauten und Buchstaben im Oszillogramm zu sehen?

Ein weiteres instrumentalphonetisches Gerät ist der Spektrograph, der Laute hinsichtlich Tonhöhe, Lautstärke und Dauer analysiert. Das graphische Ergebnis der Analyse nennt man Spektrogramm oder Sonagramm:

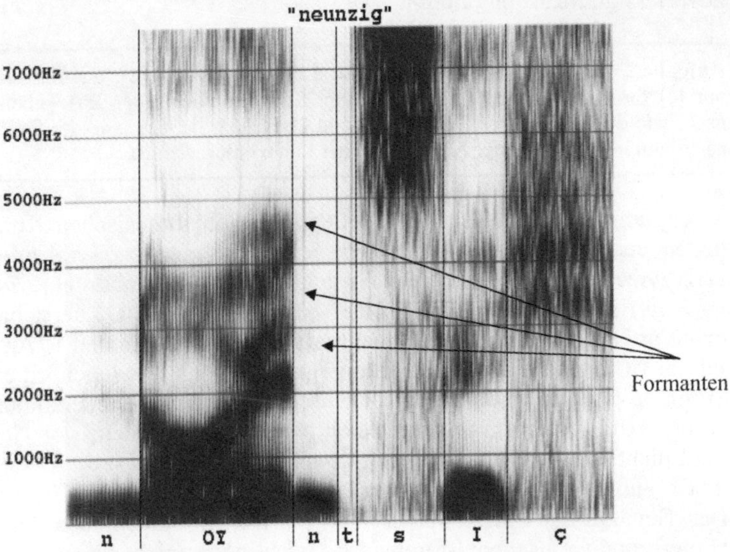

Abbildung 6: Sonagramm des Wortes *neunzig*. Mit freundlicher Genehmigung von Kirsten Machelett, Institut für Phonetik und sprachliche Kommunikation, LMU München (www.phonetik.uni-muenchen.de/Lehre/Skripten/SGL/SGL_Loesung1.html)

In der Waagerechten wird die Zeit abgetragen, in der Senkrechten die Frequenz (die als Tonhöhe wahrgenommen wird). Die Lautstärke kann man am Grad der Schwärzung ablesen, laute Stellen sind dunkel. Die senkrechten Striche (auch Striaturen genannt) geben die Schwingungen der Stimmlippen wieder, kennzeichnen also stimmhafte Laute, weswegen sie beim stimmlosen [t] fehlen. Der Abstand zwischen zwei Striaturen gibt die Periodendauer T der Schwingung wieder, nach der Formel f=1/T (in Worten: die Frequenz ist der Kehrwert der Periodendauer) erhält man so die Grundfrequenz. Betrachtet man den Vokal und den Diphthong, erkennt man in bestimmten Frequenzbereichen schwarze, d.h. energiereiche horizontale Balken. Dies sind die Formanten oder auch Partialtöne, wobei die ersten beiden (von unten gesehen) für die Vokalfarbe verantwortlich sind. Alle Formanten enthalten sprecherspezifische Informationen, denn Unterschiede in der Länge des Vokaltrakts wirken sich auf alle Partialtöne aus; allerdings gibt es eine Tendenz, dass der dritte Formant mehr über den Sprecher verrät als die anderen. Die forensische Relevanz von Formanten oberhalb des dritten ist sehr gering, weil die Telefonkanalbeschränkung ab 3500 Hz keine zuverlässige Messung erlaubt.

Aufgabe 23: Im Sonagramm sehen Sie zwei Frikative [s] und [ç]. Warum zeigt nur [ç] formantähnliche Strukturen? Tipp: Schlagen Sie in der IPA-Tabelle nach, wie diese Laute gebildet werden und überlegen Sie sich, wie der Resonanzraum im Mund bei der Artikulation der Laute beschaffen ist.

Sonagramme werden seit den 1960er Jahren in forensischen Kontexten benutzt und sind unter dem Stichwort *visible speech* oder ***voiceprint*** (Stimmabdruck, in Analogie zum Fingerabdruck, *fingerprint*) in der Sprechererkennung bekannt geworden. Zuerst hat man vor Gericht rein visuell Sonagramme verglichen, in den 1970er Jahren ist man teilweise dazu übergegangen, auch die zugehörigen Stimmproben mit anzuhören. In Deutschland und den Niederlanden ist der visuelle Sonagrammvergleich als alleinige Evidenz vor Gericht nicht mehr zugelassen, auch in anderen Ländern ist diese Methode äußerst umstritten (Künzel 1987:65ff., Rose 2002:107ff.). Das Sonagramm unterscheidet nicht zwischen Sprachlauten und Hintergrundgeräuschen; forensisch wichtige sprecherspezifische Merkmale wie Sprachstörungen (beispielsweise ein Pfeifton bei Frikativen, der durch Zahnlücken zustande kommen kann) können so der Analyse entgehen, wenn sie fälschlicherweise für Hintergrundgeräusche gehalten werden. Die Ohrenphonetik ist in jedem Fall eine sinnvolle Ergänzung zum Sonagramm.

Zum letzten Mal zurück zur biblischen Sprechererkennung: Jakobs Imitation von Esau ist eine Form von Verstellung oder *voice disguise*. Hierunter fasst man alle (zum Zweck der Identitätsverschleierung getroffenen) Veränderungen der Stimme, Sprache und Sprechweise einer Person. Eine radikale Art der Verstellung ist die Imitation einer anderen Person. Jakob war damit nicht erfolgreich, und auch in Endres et al. (1971) konnte gezeigt werden, dass selbst professionelle Stimmnachahmer mit phonetischen Mitteln leicht zu überführen sind. Ein guter Prominentenimitator macht sich den Dialekt, typische Redewendungen und typische Satzmelodien des Prominenten zunutze, kann aber Lautdauer und Klangfarbe von einzelnen Lauten meist nicht imitieren.

Aufgabe 24: Imitieren Sie eine Person des anderen Geschlechts aus Ihrem Umfeld. Was geht dabei schief, und welchem Sprech- und Stimmparameter aus der Übersicht in (42) ist das Problem zuzuschreiben?

Die Imitation anderer Personen ist in der forensischen Praxis selten, häufig sind künstliche Erhöhungen und Senkungen der Grundfrequenz um 25 bis 100% (Künzel (1987:105ff.). Bei einer künstlichen Senkung treten oft Ähnlichkeiten zur Knarrstimme auf, allerdings ist eine echte von einer künstlichen Knarrstimme bereits ohrenphonetisch leicht zu unterscheiden. Häufig wird auch eine künstliche Flüsterstimme eingesetzt (Künzel 1987:108); hierbei ist die Glottis geöffnet, die Stimme ist insgesamt deutlich leiser. Meist wird diese Art der Verstellung nicht lange durchgehalten, weil den Sprechern schlicht die Luft ausgeht, durch die offene Glottis entströmt mehr Luft als beim Brustregister. Sprachverzerrende Geräte werden merkwürdigerweise kaum eingesetzt, beliebt ist hingegen das vor den Mund gehaltene Taschentuch. Dieses sorgt jedoch nur für eine gleichmäßige Dämpfung der Frequenzen.

4.2 Geschriebene Sprache: Autorenerkennung

„Damit der Oberbulle […] unsere Stimmen nicht auf Band nehmen kann gehen alle anweißungen Schriftlich an Sie." – so ein anonymer Erpresser, zitiert nach Hehn (1992:194). Täter, die der Sprechererkennung entkommen wollen, wähnen sich mit der Schriftform oft auf der sicheren Seite. Zu Recht?

Innerhalb des Kriminaltechnischen Instituts des BKA gibt es auch ein Sachgebiet ‚Autorenerkennung', eingerichtet während der Terrorismusbekämpfung der 1970er Jahre. Die Arbeitsweise der Autorenerkennung ist der der Sprechererkennung methodisch sehr ähnlich. Gehen wir wiederum von zwei Dokumenten A und B aus, A sei diesmal kein Telefonanruf, sondern ein Brief eines Erpressers, B sei ein Privatbrief einer Person, die man verdächtigt, der Erpresser zu sein. Text A nennt man auch einen inkriminierten Text, also einen Text, der schon als solcher eine Straftat konstituiert oder mit einer Straftat in Zusammenhang steht. Forensische Textanalysen sind Fehler- und Stilanalysen:

(44) a. Fehler
- Orthografie
- Grammatik
- Lexikon

b. Stil
- Wortwahl
- Wahl der grammatischen Mittel
- syntaktische Komplexität
- Textstrukturierung

Ziel der Textanalyse ist es, ein sprachliches Profil des Autors zu entwerfen, das im optimalen Fall zu folgenden Punkten genaue Angaben macht:

(45) a. Muttersprache
b. regionale/dialektale Zugehörigkeit
c. Altersgruppe
d. Bildungsgrad
e. Ausbildung/Tätigkeit
f. Erfahrung in der Textproduktion

Der Textvergleich von A und B besteht in einer Überprüfung der Befunde hinsichtlich ihrer Vereinbarkeit oder Kompatibilität: Sind die Autoren von A und B identisch? Die beim BKA untersuchten Texte verteilen sich wie in der folgenden Abbildung dargestellt auf unterschiedliche Delikte; die Mehrheit entfällt auf Erpressungen.

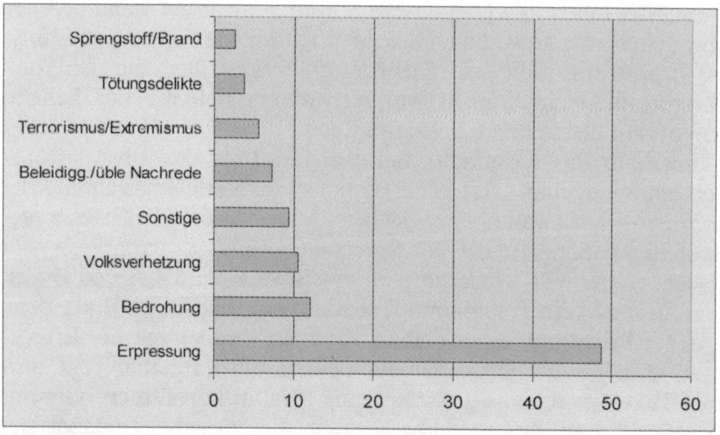

Abbildung 7: Prozentuale Verteilung der Delikte, die am BKA forensisch-linguistisch im Zeitraum von 1999-2005 untersucht wurden (Quelle: BKA, KT54 Autorenerkennung)

Bei Erpressungen können Telefonanrufe stattfinden, fast immer aber werden schriftliche Kontaktformen gewählt (Gross/Geerds 1977:297). Bei Erpressungsschreiben werden neben dem klassischen Vergleich eines anonymen Schreibens mit Schreiben eines Verdächtigen häufig auch mehrere anonyme Schreiben untereinander verglichen (Dern 2003:49), beispielsweise bei Briefserien oder parallel stattfindenden Erpressungen. Die Ziele dieser Art von Textvergleich sind das Erkennen von Tatzusammenhängen, das Aufspüren von Trittbrettfahrern und die Feststellung, ob möglicherweise mehrere Personen an den Schreiben beteiligt sind, also eine multiple Autorenschaft vorliegt.

Wie in der Sprechererkennung auch wird das Ergebnis der Textvergleiche als Wahrscheinlichkeitsaussage formuliert, zweifelsfreie Aussagen sind nicht möglich. Es gibt keinen ‚sprachlichen Fingerabdruck', der Sprecher oder Autoren zweifelsfrei identifizieren könnte. Ein Fingerabdruck ist unveränderlich (Tietze/Witthuhn 2001), auf gesprochene oder geschriebene Sprache trifft dies nicht zu. Die Stimme unterliegt einem natürlichen Alterungsprozess, weswegen nicht von einem statischen ‚voiceprint' gesprochen werden sollte.

Die geschriebene Sprache verändert sich permanent durch die Ausbildung, die man in der Schule und eventuell danach durchläuft, sie ist beeinflussbar durch Medien und Vorlieben, sie hängt auch immens vom Anlass ab – eine Postkarte wird anders aussehen als eine Erörterung in der Schule. Die Kompatibilität von Schreiben wird auf einer bipolaren Skala lokalisiert:

(46) a. mit an Sicherheit grenzender Wahrscheinlichkeit
b. mit sehr hoher Wahrscheinlichkeit
c. mit hoher Wahrscheinlichkeit
d. wahrscheinlich
e. nicht entscheidbar (*non liquet*)

Verstellungsversuche können die Autorenerkennung ebenso erschweren wie die Sprechererkennung.

Ähnlich wie in der Sprechererkennung gibt es auch in der Autorenerkennung ein Variationsproblem. In der Sprechererkennung muss zwischen *between-speaker variation* und *within-speaker variation* unterschieden werden, in der Autorenerkennung erschweren textsortenbedingte Variationen die Einordnung von Befunden. **Textsorten** sind Gruppen von Texten, die sich durch gemeinsame Merkmale auszeichnen, wobei man zwischen textinternen und textexternen Merkmalen unterscheidet. Textinterne Merkmale sind der verwendete Wortschatz, das Satzbaumuster (so ist es unwahrscheinlich, in Liebesbriefen komplizierte Partizipialgefüge oder Schachtelsätze vorzufinden) und der Themenverlauf (z.B. wird bei einem Vortrag meist ein einziges Thema durchgehalten, beim Privatbrief variiert es oft). Textexterne Kriterien sind hauptsächlich die Textfunktion (z.B. Informieren, Werben), das Trägermedium (z.B. Brief) und die Kommunikationssituation (bestimmt durch Faktoren wie Zeit, Ort, Umstände und soziales Umfeld). Die Textsorte determiniert die Auswahl an Stilmitteln, wenn also erhebliche Unterschiede zwischen dem Erpresserschreiben A und dem Brief B eines Verdächtigten bestehen, ist zu klären, zu welchem Anteil die Unterschiede textsortenbedingt sind, die Autoren von A und B aber dennoch identisch sein können.

Aufgabe 25: Nehmen Sie einen privaten Brief von sich zur Hand, und verfassen Sie über die dort geschilderten Ereignisse einen Artikel, der in Ihrer Lokalzeitung abgedruckt werden könnte. Machen Sie Angaben zu den textinternen und -externen Merkmalen Ihrer beiden Texte.

Im Folgenden werden die für das Profil des Autors entscheidenden Punkte aus (45) anhand von Beispielen näher erläutert.

Ist die Muttersprache (vgl. (45a)) des Autors des folgenden Textes Deutsch?

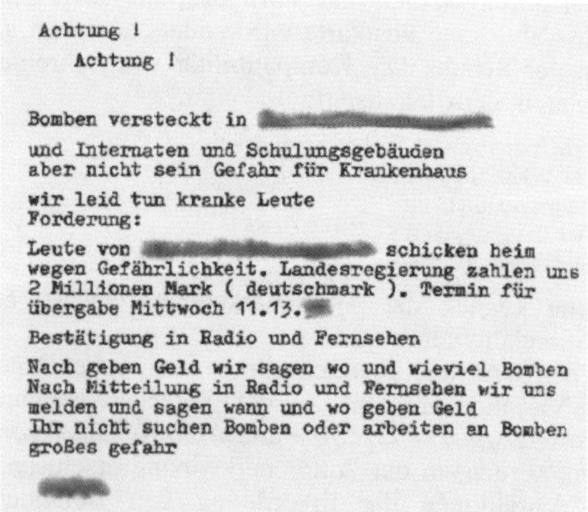

Achtung !
Achtung !

Bomben versteckt in [redacted]
und Internaten und Schulungsgebäuden
aber nicht sein Gefahr für Krankenhaus
wir leid tun kranke Leute
Forderung:
Leute von [redacted] schicken heim
wegen Gefährlichkeit. Landesregierung zahlen uns
2 Millionen Mark (deutschmark). Termin für
übergabe Mittwoch 11.13.[redacted]
Bestätigung in Radio und Fernsehen
Nach geben Geld wir sagen wo und wieviel Bomben
Nach Mitteilung in Radio und Fernsehen wir uns
melden und sagen wann und wo geben Geld
Ihr nicht suchen Bomben oder arbeiten an Bomben
großes gefahr

[redacted]

Abbildung 8: Erpresserschreiben (Quelle: BKA, KT54 Autorenerkennung)

Schwierig ist hier die Abgrenzung von Deutsch als Fremdsprache (d.h., die Muttersprache ist eine andere als Deutsch, Deutsch wurde später als eine Fremdsprache gelernt) und einem Verstellungsversuch. Einerseits stehen die Verben (bis auf eine Ausnahme) alle im Infinitiv, was für eine geringe Deutschkompetenz spricht. Andererseits fallen die korrekten Dativmarkierungen der zweiten Textzeile auf (*in [...] Internaten und Schulungsgebäuden*) sowie die sehr gute Orthografie, nur drei Wörter werden klein statt groß geschrieben. Auch morphologisch komplexe Komposita werden korrekt gebildet. Hier könnte die scheinbar schlechte Deutschkompetenz durchaus ein Verstellungsversuch eines Muttersprachlers sein. Ganz allgemein sprechen unsystematische und oberflächliche Fehler eher für Verstellungen, oft mangelt es an einer durchdachten Verstellungsstrategie. In Briefserien kommt es zudem häufig vor, dass Erpresser ihre Verstellung nicht konsequent durchhalten, entsprechend unterschiedliche Arten und Mengen von Fehlern in verschiedenen Briefen machen, sich also selbst verraten (Dern 2003:47). In echten Fällen von Deutsch als Fremdsprache zeigt sich oft ein direkter Reflex der Muttersprache, vgl.:

(47) Fehlerhafte Äußerungen, die auf Transfer aus dem Serbokroatischen (Skr.) zurückzuführen sind (Bickes/Kresic 2000:116ff.):

a. **ich vil* statt *ich will*. Dem Laut [v] entspricht im Deutschen der Buchstabe *w* (wie eben in *will*); im Skr. entspricht dem Laut [v] der Buchstabe *v*.

b. **informacijon* statt *Information*. Das Fremdwort lautet im Skr. *informacija*.

c. **Der Gummi ist platt* statt *Der Reifen ist platt*. Das Wort für Reifen ist im Skr. *guma*.

Wenn die Muttersprache Deutsch ist, bleibt die Frage nach einer genaueren regionalen Einordnung (vgl. (45b)) des Autors. Oft greifen Täter zur Schriftform, weil sie glauben, in der Schrift würde sich ihr Dialekt nicht zeigen. Meist ist dem auch so, aber es gibt Ausnahmen:

(48) *wie sit er verlebt aus, er hat so eine Schöhne Frau und er sit aus wie eine Gotz Bille. Herr [...] Die [...]ist die Gröste Verbrecher Partei in Deutschland. Und du bist der gröste Schweine Hund mit den Fettsack [...], wir Wählen nur die [...] oder die [...]. Es lebe die D.D.R. nider mit der Regirung. Wir werden alle Plagade von der [...] vernichten, du kanst als Toten gräber gehen deine Figur ist zum Gotzen*
(Quelle: BKA, KT54 Autorenerkennung)

In einigen Dialekten des Deutschen werden /p, t, k/ als /b, d, g/ ausgesprochen, man nennt dies auch Lenisierung, in (48) wird dies auch in der Schrift umgesetzt, der Autor verwendet ‚Plagade' statt ‚Plakate', ‚Gotzen' anstatt ‚Kotzen'. Einige Dialekte verkürzen lange Vokale, auch dies findet sich im Text: ‚sit' anstatt ‚sieht', ‚nider' statt ‚nieder'.

Aufgabe 26: Listen Sie alle Dialekte, in denen Lenisierung vorkommt, in einer zweiten Liste führen Sie alle Dialekte an, in denen Vokalkürzung üblich ist. Der Autor kann aus der Schnittmenge der Listen stammen, welche Dialekte sind dort enthalten? Sie können zur Lösung die in Aufgabe 19 und Aufgabe 20 genannten Online-Resourcen nutzen.

Dem Text in (48) kann nicht nur die dialektale Einordnung des Sprechers entnommen werden, sondern auch ein weiteres für das Autorenprofil wichtiges Merkmal: der Bildungsgrad (vgl. (45d)). Orthografie- und Zeichensetzungsfehler sowie das allgemeine Ausdrucksvermögen geben hier eindeutige Hinweise auf einen eher niedrigen Bildungsgrad. Defizite dieser Art sprechen allerdings nur dann für eine geringe Bildung, wenn Verstellung ausgeschlossen werden kann. Täter mit geringer Bildung versuchen oft, ihrem Anliegen durch einen gehobenen Stil Nachdruck zu verleihen, was manchmal misslingt:

(49) *KINDLY FIND ATTACHED THE REPLY OF OUR COMPETENT AUTHORITY; HOPPING TO SATISFY YOUR NEEDS*
(Quelle: BKA, KT54 Autorenerkennung, zitiert nach Dern (2003:48))

Teilweise enthalten inkriminierte Texte Hinweise auf das Alter des Autors, vgl. (45c). Das im heutigen Deutsch fehlende Dativ *-e* (*gibt dem Sohne*), antiquierte Orthografie (***Choc***, ***Photo***) und ein entsprechendes Vokabular (*Fernschreiber*, *Kraftdroschke*) kennzeichnen ältere Autoren. Durch entsprechende Recherche kann sich freilich auch ein jüngerer Autor diese Eigenschaften zulegen. Umgekehrt können sich ältere Autoren typische Merkmale von Jugendsprache aneignen, z.B. einen gewissen Wortgebrauch (*geil*, *krass*), einen rappigen Erzählstil, bildliche Elemente wie Smileys etc. Für das Gelingen von Verstellungen kommt es darauf an, sie auf allen Ebenen der Grammatik und des Stils inklusive typischer Fehler durchzuführen. Das ist eine anspruchsvolle Aufgabe.

Bei einem solchen Verstellungsversuch können sehr konkrete Produktionsbedingungen verräterisch sein. Immer wieder kommt es vor, dass sich auf dem Schreiben Druckspuren von anderen Mitteilungen finden. Die Schriftart kann Rückschlüsse auf den Schreibmaschinentyp zulassen; wenn manche Buchstaben im Schriftbild konstant verschoben sind, kann man vorhersagen, auf welche Weise die Maschine beschädigt sein muss. Die Fehleranalyse muss die

Produktionsbedingungen mit einkalkulieren – manche Schreibmaschinen weisen keine Umlaute oder *ß* auf, weswegen der Schreiber darauf verzichten muss. Manche Tippfehler sind erklärlich, weil Buchstaben auf der Tastatur sehr eng beieinander liegen, sie sprechen dann nicht notwendigerweise für ein geringes Bildungsniveau.

Und so ist es doch keine allzu sichere Sache mit der Schriftform bei Erpressungen und anderen Delikten. Ein guter ‚Oberbulle' kommt auch einem Autor auf die Spur.

4.3 Zusammenfassung

- Bei der Sprecher- und Autorenerkennung werden vergleichende Analysen von Stimmproben und Textproben angestellt.
- Aussagen über die Identität von Sprechern oder Autoren sind immer nur Wahrscheinlichkeitsaussagen.
- Die Ermittlung wird durch Verstellungsversuche und Variation erschwert (textsortenbedingte Variation und *between-speaker/ within-speaker variation).*
- Je sprecher- oder autorspezifischer ein Merkmal ist, desto nützlicher ist es für das Erstellen eines Sprecher- oder Autorprofils im Ermittlungsverfahren.
- In einem hohen Maße sprecherspezifisch sind Grundfrequenz, Stimmqualität, Dialekt, Sprechtempo und Häsitationen.
- Fehler- und Stilanalyse können Rückschlüsse auf Muttersprache, Dialekt, Alter und Bildung von Autoren erlauben.

Grundbegriffe: Ermittlungsverfahren, Grundfrequenz, Häsitationen, Instrumentalphonetik, Ohrenphonetik, Sprechtempo, Stimmqualität, Textsorten, *voiceprint*

Weiterführende Literatur: Gut verständliche Einführungen und Überblicksdarstellungen zur Sprechererkennung sind Künzel (1987), Rose (2002), Baldwin/French (1990), Nolan (1983) und Hollien (2002). Sammelbände mit lesenswerten Beiträgen zur Kriminalistik und Autorenerkennung sind Grewendorf (1992) und Kniffka (1990). Eine Monographie über Erpresser- und Drohbriefe ist Artmann (1996). Aufschlussreiche Beiträge von BKA-Mitarbeitern aus der Abteilung Autorenerkennung sind Dern (2003), Baldauf (2002), Schall (2006), Ehrhardt (erscheint 2007) und Hehn (1992).

5. Informationsmanagement im Recht

Prozesse an deutschen Gerichten dauern zu lange, dieser Meinung ist auch das BVerfG. Im Dezember 2005 ordneten drei Richter des BVerfG die sofortige Freilassung eines Mannes an, der wegen sechsfachen Mordes unter Anklage stand (Az. 2 BvR 1964/05). Es handelte sich um einen Mann, der 1996 sein Wohnhaus gesprengt haben soll; dabei starben sechs seiner Mieter. Im Jahr 2001 wurde der Mann deshalb zu lebenslanger Freiheitsstrafe verurteilt, allerdings führte ein Verfahrensfehler zur Aufhebung des Urteils und zu einem neuen Strafprozess. Acht Jahre Untersuchungshaft ohne rechtskräftiges Urteil für den Angeklagten waren dem BVerfG zuviel.

Teilweise muss die Dauer von Prozessen in Jahrzehnten gemessen werden. Der saarländische Kaufmann Gräßer hat vor 29 Jahren die Stadt Saarbrücken wegen eines geplatzten Bauprojekts auf Schadensersatz verklagt. Gräßer plante Anfang der 1970er Jahre einen Supermarkt in Saarbrücken und hatte hierzu bereits Grundstücke erworben sowie erste Genehmigungen erhalten. Das Bauprojekt scheiterte indes, seitdem versuchte der Kaufmann mit Hilfe der Gerichte über Jahrzehnte, Schadensersatz zu erhalten. Zuletzt hatte das BVerfG im Jahr 2000 in Bezug auf die überlange Verfahrensdauer entschieden, dass diese gegen das GG verstoße. Gräßer bezifferte den zwischenzeitig entstandenen Schaden auf 400 Millionen Euro und klagte vor dem *Europäischen Gerichtshof für Menschenrechte* (EGMR). Dort wurden ihm im Oktober 2006 jedoch lediglich 45.000 Euro Schadensersatz zugesprochen.

Prozesse sind u.a. deswegen langwierig, weil die Gerichte unter chronischer Überlastung leiden und zu wenig finanzielle Mittel vorhanden sind, um weiteres Personal einzustellen. Nun hilft diese Erklärung niemandem. Was hingegen helfen kann, ist die *Elektronische Datenverarbeitung* (EDV). Die Arbeit an Gerichten ist größtenteils Arbeit mit Akten und anderen Schriftstücken. Anwendungen der EDV können diese Textarbeit enorm beschleunigen und die Informationsverarbeitung erleichtern. Auch im juristischen Bereich haben sich Informationsgewinnung und Kommunikation durch das Internet verändert und verbessert, juristische Weblogs sind keine Seltenheit. Abschnitt 5.1 beschäftigt sich mit EDV und Internet im Recht.

Die moderne Informatik, insbesondere ihr Teilgebiet *Künstliche Intelligenz*, bietet aber auch dem Juristen noch einiges mehr, als EDV und Internet vermögen. Abschnitt 5.2 stellt juristische Expertensysteme vor. Diese Software-Systeme können beispielsweise dem Richter Entscheidungs- und Argumentationshilfe bieten, sie können Fälle vergleichen und juristische Datenbanken ‚intelligent' nutzen.

5.1 EDV und Internet im Recht

Das Interesse der Juristen am Computer begann in den 1960er Jahren – ein erstaunliches Faktum, denn der damalige Stand der Technik machte die Beschäftigung mit Computern zu einem mühsamen Unterfangen. Computer waren riesige Maschinen, die in Rechenzentren standen. Programme mussten als Lochkartenstapel gestanzt und über Hollerithmaschinen eingegeben werden.

Dennoch setzte man große Erwartungen in den Computer. Das Bundesjustizministerium begann 1967 mit Planungen für ein juristisches Informationssystem, aus dem sich später die *juris GmbH* entwickeln sollte – der Leser hat die Online-Dienste von *juris* schon in Anspruch genommen (S.10, S.15). 1969 rief die Konferenz der Justizminister die *Bund-Länder-Kommission für Datenverarbeitung und Rationalisierung in der Justiz* (www.justiz.de/BLK/) ins Leben, die bis heute existiert. Dieser Kommission gehören die Landesjustizverwaltungen und beratend das Bundesjustizministerium an. Aufgabe der Kommission ist es, die Bedürfnisse und Interessen der Länder und des Bundes in Fragen des Einsatzes von Kommunikations- und Informationstechnologie zusammenzuführen.

In den 1970er Jahren wurden die ersten Studiengänge ‚**Rechtsinformatik**' eingerichtet. Das Kompositum ‚Rechtsinformatik' lässt zwei Lesarten zu: eine Art von Rechtswissenschaft, ‚Informatik-Recht', einerseits, und eine Art von Informatik, eben ‚Rechtsinformatik', andererseits. Das ‚Informatik-Recht' beschäftigt sich mit juristischen Problemen, die durch die verbreitete Nutzung von Computern entstehen. Dieser Zweig der Rechtswissenschaft thematisiert z.B. den Datenschutz oder die Auslegung des Patentrechts für Software. Dieses IT-Recht soll hier nicht thematisiert werden.

Vielmehr wenden wir uns der ‚Rechtsinformatik' als Informatik zu, also dem Spektrum der Möglichkeiten, mit denen EDV und Internet Juristen unterstützen können. Eine EDV-Anwendung ist dem Leser schon mehrfach begegnet, die **Datenbanken**. Datenbanken speichern große Datenmengen und erlauben Abfragen durch Benutzer. Folgende Datenbanken sind im Netz zugänglich:

(50) a. Datenbanken mit Normen
   1. www.gesetze-im-internet.de
      (Bundesrecht, bereitgestellt vom Bundesjustizministerium gemeinsam mit *juris*)
   2. www.justiz.de/Onlinedienste/BundesUndLandesrecht
      (Landesrecht, bereitgestellt vom Bundesjustizministerium zusammen mit den Landesverwaltungen)
   3. www.jura.uni-sb.de/Gesetze/
      (v.a. internationales Recht, bereitgestellt vom *Juristischen Internetprojekt Saarbrücken*, JIPS).
   4. dejure.org/
      (europäisches, deutsches und baden-württembergisches Recht, herausgegeben von dejure.org Rechtsinformationssysteme GbR)
   5. rechtliches.de/
      (Bundesrecht und europäisches Recht, bereitgestellt von Mark Obrembalski, Tübingen)

b. Datenbanken mit Gerichtsinformationen und Rechtsprechung
   1. www.jura.uni-sb.de/internet/gericht.html
      (Links zu deutschen Gerichten/ Staatsanwaltschaften und ihren Entscheidungsdatenbanken, bereitgestellt vom JIPS, s. (50a3)).
   2. www.oefre.unibe.ch/law/dfr/index.html
      (erfasst auch ältere BVerfG-Entscheidungen, die das BVerfG selber nicht online zur Verfügung stellt)

Kostenpflichtige juristische Fachdatenbanken werden von *LexisNexis* (www.lexisnexis.de), *Beck-online* (www.beck-online.de), *juris* (www.juris.de) und *LEGIOS* (www.legios.de) angeboten. Für Jurastudenten sind, abhängig vom Studienort, teilweise kostenlose Zugänge zu diesen Datenbanken möglich.

Aufgabe 27: Schlagen Sie Pressemitteilungen des BVerfG zum Thema ‚Demonstrationsverbot' nach. Dazu folgen Sie dem in (50b1) genannten Link zum BVerfG, dort gehen Sie auf die Pressemitteilungen und geben bei der Volltextsuche ‚Demonstrationsverbot' ein. Schauen Sie sich den Treffer vom Januar 2006 genauer an. Worum ging es bei der Entscheidung? In besagter Pressemitteilung vom Januar 2006 werden zwei Paragraphen genannt. Schlagen Sie diese mithilfe der in (50a) genannten Links nach. Wie gehen Sie dabei vor?

Die genannten Datenbanken sind nützlich, haben aber auch ihre Begrenzungen. Ältere Entscheidungen (50b) sind meist nicht online, sondern nur in Papierform verfügbar. Die Datenbanken mit BGH-Entscheidungen und entsprechenden Pressemitteilungen beispielsweise reichen nur bis in das Jahr 2000 zurück. Datenbanken mit Fachliteratur sind sehr rar; nur www.jurpc.de, eine Online-Zeitschrift zur Rechtsinformatik, herausgegeben von Maximilian Herberger (Rechtsinformatik, Saarbrücken), steht kostenlos im Internet zur Verfügung. Die wichtigsten juristischen Fachzeitschriften (wie die *Neue Juristische Wochenschrift* (NJW), die *Juristenzeitung* (JZ) oder die *Juristischen Arbeitsblätter* (JA)) sind nicht kostenlos online.

Eine weitere EDV-Anwendung sind Software-Tools, die Juristen bei speziellen Aufgaben unterstützen. Hier seien exemplarisch zwei Pakete genannt: *eNorm* und *Case Matrix*. Die *eNorm*-Software soll Juristen in Deutschland bei der Arbeit an Gesetz- und Verordnungsentwürfen unterstützen. Sie ist im Projekt ‚Elektronische Arbeitshilfen und Verkündung' des Bundesjustizministeriums entstanden. *eNorm* soll die Einhaltung rechtsförmlicher Vorgaben während der schriftlichen Erarbeitung von Gesetzentwürfen unterstützen und es ermöglichen, die Dokumente im gesamten Gesetzgebungsverfahren medienbruchfrei von den ersten Entwürfen bis hin zur Verkündung und Normendokumentation durchgängig zu verwenden. Gleichzeitig kann die Software als Basis für eine zukünftige elektronische Verkündung dienen. Die Vorgaben der Rechtsförmlichkeit sind Vereinbarungen zur formalen Gestaltung und Verwaltung von Rechtsvorschriften. Das sog. ‚Handbuch der Rechtsförmlichkeit' ist online einsehbar unter www.bmj.de/rechtsfoermlichkeit/index.htm. *eNorm* soll die Qualität der Gesetzentwürfe verbessern und den Arbeitsaufwand insgesamt senken. Die Software basiert auf der in der EU im Einsatz befindlichen Software *LegisWrite*. Prüf- und Hilfsfunktionen zur Gliederung und Strukturierung sowie Verweisfunktionen auf andere Gesetze erleichtern die praktische Arbeit. In zukünftigen Entwicklungsschritten soll die Software um weitere Funktionen ergänzt werden. Der Deutsche Bundestag und mehrere Bundesministerien haben entschieden, *eNorm* zu verwenden. Auf der Website www.enorm.bund.de werden die wesentlichen Funktionen demonstriert.

Die Software *Case Matrix* wird am *Internationalen Strafgerichtshof* (IStGH, www.icc-cpi.int/) in Den Haag eingesetzt. Der IStGH ist ein unabhängiges ständiges Gericht mit Gerichtsbarkeit über Völkermord, Verbrechen gegen die Menschlichkeit, Kriegsverbrechen und das Verbrechen der Aggression. Das Römische Statut (einsehbar über die genannte Website) ist die vertragliche Grundlage des IStGH, es legt die Regeln zur Rechtsprechung,

Struktur und Funktion des IStGH fest. Das Statut trat 2002 in Kraft, bis 2005 hatten es 100 Staaten ratifiziert. *Case Matrix* ist eine Software, die dem Juristen einen Überblick über die einzelnen Tatbestandsmerkmale der zu ermittelnden Straftaten verschafft, die zu jedem Tatbestandsmerkmal vorhandenen Beweisstücke verwaltet und die dem Benutzer gleichzeitig Rechtsprechung und Literatur erschließt. Das Hauptziel von *Case Matrix* ist die Verkürzung der Verfahrensdauer durch eine optimierte Prozessvorbereitung. *Case Matrix* gibt auch Hilfestellung zu der Frage, wie die einzelnen Tatbestandsmerkmale vor Gericht zu beweisen sind. Die Ermittler, die häufig aus sehr unterschiedlichen nationalen Rechtssystemen kommen, haben teilweise völlig verschiedene Vorstellungen hinsichtlich der Beweisführung. Die Unterstützung des Nutzers reicht von der Typisierung der einzelnen Beweismittel (Zeugen, Augenschein, Urkunden etc.) über die Frage der Zulässigkeit einzelner Beweismittel hinsichtlich bestimmter Tatbestandsmerkmale. Kann beispielsweise ein Mord auch bewiesen werden, wenn die Leiche nicht vorhanden ist, aber aussagekräftige Fotos? *Case Matrix* wurde von Mitarbeitern des IStGH konzipiert. Die technische Realisierung erfolgte in Kooperation mit der Universität des Saarlandes, Institut für Rechtsinformatik. Die Software soll auch für andere Strafverfolgungsbehörden und Einrichtungen bereitgestellt werden, sie wird bereits heute in Indonesien bei der Verfolgung von Straftaten des Völkerstrafrechts eingesetzt. Darüber hinaus wird eine ins Arabische übersetzte Version zu Ausbildungs- und Trainingszwecken am ‚Iraqi Special Tribunal' verwendet. Weiterhin setzt das kambodschanische Sondergericht *Case Matrix* für die Straftaten der Roten Khmer ein.

Das Internet ist ein Informations- und Kommunikationsmedium und wird als solches auch von Jurastudenten und Juristen genutzt. Wie ein Tagebuch funktionieren Weblogs (wörtliche Übersetzung: ‚Netz-Fahrtenbuch'), oft einfach nur **Blogs** genannt. Ein Blog ist eine Webseite, die periodisch neue Einträge enthält. Neue Einträge stehen an oberster Stelle, ältere folgen in umgekehrt chronologischer Reihenfolge. Blogs zu juristischen Themen werden auch als ‚Blawgs' bezeichnet (eine Wortkreuzung aus ‚Law' und ‚Blog'). Mehr als 100 Blawgs existieren derzeit, eine Übersicht ist unter www.jurablogs.com zu finden. Hier ein Screenshot eines Blawgs, www.jurabilis.de:

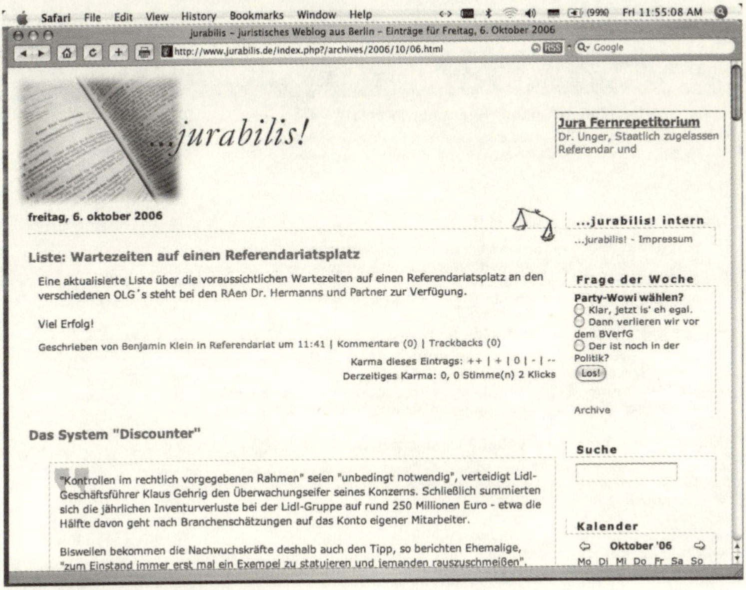

Abbildung 9: www.jurabilis.de

Blogs und Blawgs erlauben eine Art Abonnement. Dies nennt sich **RSS**, eine Abkürzung für *Really Simple Syndication*, zu Deutsch etwa ‚wirklich einfache Verbreitung'. Neu veröffentlichte Inhalte werden dank RSS automatisch in regelmäßigen Abständen auf den Computer des Abonnenten geladen, oder wahlweise auf andere Endgeräte wie z.B. Mobiltelefone oder PDAs. RSS wurde in einer ersten Version 1997 u.a. von der Firma *Userland* eingesetzt und war zunächst nur für Blogs üblich. Seit 2003 hat sich RSS als *Syndication*-Format durchgesetzt und wird mittlerweile auch von so populären Seiten wie *BBC, CNN, SPIEGEL Online, ZEIT.de, Stern.de* oder *tagesschau.de* eingesetzt. Um die durch RSS abonnierten Inhalte lesen zu können, braucht man einen RSS-Reader (genauso, wie man einen PDF-Reader wie z.B. den *Adobe Acrobat Reader* braucht, um ein PDF-Dokument zu lesen). Solche RSS-Reader sind teilweise schon in Anwendungen integriert; die E-Mail-Programme *Thunderbird* und *Microsoft Outlook 2007* und die Webbrowser *Opera, Safari* und *Firefox* verfügen beispielsweise über integrierte RSS-Reader. Hier erneut ein Screenshot von www.jurabilis.de, diesmal in einer RSS-Ansicht:

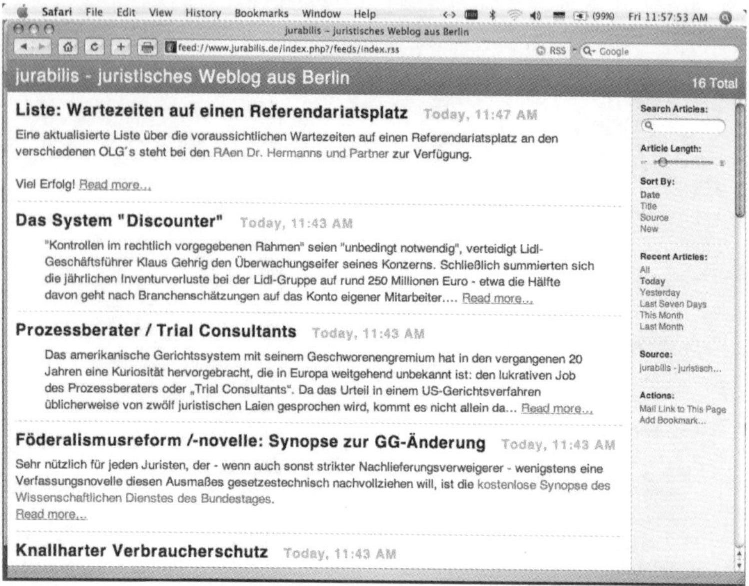

Abbildung 10: www.jurabilis.de im RSS

Im Gegensatz zur HTML-Seite der ersten Abbildung sind RSS-Dateien wie die der zweiten Abbildung sehr einfach und ohne zusätzlichen Ballast in Form von Design- und Layout-Elementen aufgebaut. RSS-Dateien können plattformunabhängig gelesen und weiterverarbeitet werden. Der Nutzer spart durch RSS Zeit, er kann Webseiten effektiv auf aktuelle Inhalte hin prüfen, ohne diese mitsamt Grafiken und Bannern direkt besuchen zu müssen.

Wenn man über keinen integrierten RSS-Reader verfügt, kann man externe RSS-Reader installieren. Einen Überblick zu RSS-Readern für die unterschiedlichsten Plattformen und Ansprüche findet man hier: www.rss-verzeichnis.de/rss-reader.php. Das RSS-Abonnement ist nicht auf Text-Inhalte beschränkt, Verwendungen wie Podcasts zeigen, dass man auch andere Inhalte via RSS abonnieren kann. ‚Podcast' ist eine Wortkreuzung aus ‚iPod' und ‚Broadcasting' (engl. für ‚Rundfunk'). Ein Podcast ist eine Serie von Medienbeiträgen, meistens in Form von Audiobeiträgen (wie früher Hörspiele) oder Videosendungen.

Aufgabe 28: Abonnieren Sie einen Blawg Ihrer Wahl via RSS. Gehen Sie dazu auf www.jurablogs.com und entscheiden Sie sich für einen Blawg. Meist werden die RSS-Abonnements durch einen orangenen Button mit der Aufschrift ‚XML' oder ‚RSS' gekennzeichnet. Ein Klick auf dieses Symbol führt zu der RSS-Datei. Kopieren Sie den Link über die rechte Maustaste oder das Browser-URL-Feld und fügen ihn in Ihren RSS-Reader ein.

Ein mittlerweile übliches Medium der Kommunikation im Web ist das **Wiki**. Ein Wiki, auch WikiWiki oder WikiWeb genannt, ist eine im Internet verfügbare Seitensammlung, die von den Benutzern nicht nur gelesen, sondern auch online geändert werden kann. Der Name stammt von ‚wikiwiki' (hawaiianisch für ‚schnell'). Die einzelnen Seiten und Artikel eines Wikis sind durch Links miteinander verbunden. Im Jahr 2002 wurde unter der Adresse www.jurawiki.de ein juristisches Wiki eingerichtet. Das inhaltliche Angebot des JuraWikis umfasst juristische Fachinformationen, Linksammlungen, Dokumentationen aktueller juristischer Themen, Arbeitshilfen für Studenten und Einzelprojekte, u.a. die ‚AudioWerkstatt' (in der juristische Podcasts produziert werden) und die Sammlung ‚Volkstümlicher Rechtsirrtümer' (www.jurawiki.de/VRI). Die Wikipedia bietet unter de.wikipedia.org/wiki/Portal:Recht ebenfalls ein juristisches Informationswiki.

Das staatliche Informationsangebot zu juristischen Belangen ist seit Mitte 2005 in einem Internetportal gebündelt: www.justiz.de. Dieses Portal hat die Justizministerkonferenz unter Beteiligung des Bundesjustizministeriums aufgebaut. Nachdem bereits alle Bundesländer ihre Insolvenzbekanntmachungen über dieses Portal veröffentlichen, haben unter Leitung der *Bund-Länder-Kommission für Datenverarbeitung und Rationalisierung in der Justiz* die Arbeiten für weitere Portallösungen begonnen. Ab 2007 werden die Informationen aller Registergerichte über das Justizportal abrufbar sein. Als Registergerichte fungieren die Amtsgerichte (s. S.26 für einen Aufbau der deutschen Gerichtsbarkeit); dort werden u.a. das Handelsregister, das Genossenschaftsregister und das Grundbuch geführt. Die Bekanntmachung von Zwangsversteigerungsterminen sowie eine elektronische Gerichtstafel sind ebenfalls angedacht; die Betroffenen werden dabei natürlich anonym bleiben.

Die Bundesländer sind mit ihren juristischen Internet-Portalen unterschiedlich weit, dies sei am Beispiel der Zwangsversteigerung verdeutlicht. Zur Zwangsversteigerung durch einen Gerichtsvollzieher kommt es, wenn ein rechtskräftiger oder für vorläufig vollstreckbar erklärter Anspruch des Gläubigers gegen den Schuldner nicht anders erfüllt wird. Der Gerichtsvollzieher pfändet in diesem Fall einen der Schuld entsprechenden Teil des Besitzes des Gläubigers. Die Pfändung beweglicher Gegenstände geschieht nach § 808 I ZPO dadurch, dass der Gerichtsvollzieher sie in Besitz nimmt. Ist das nicht möglich, weil die Sachen zu groß und zu sperrig sind, wird die Pfändung durch ein Pfandsiegel (auch ‚Kuckuck' genannt) kenntlich gemacht. Gepfändete Gegenstände werden gemäß §§ 814 ff. ZPO öffentlich versteigert. Der Freistaat Sachsen stellt die Zwangsversteigerungstermine ins Internet (www.justiz.sachsen.de/gerichtstafel); dabei werden auch die Gegenstände beschrieben. Nordrhein-Westfalen ist schon einen Schritt weiter und versteigert online (www.justiz-auktion.de). Wie bei eBay kann man sich als Bieter einloggen und sich die nach Kategorien geordneten Gegenstände mit Fotos und Beschreibungen anschauen. Die Anzahl der Gebote, das aktuelle Gebot und die noch verbleibende Zeit werden angezeigt; man kann Artikel auch wie bei eBay beobachten lassen. Da von einer Online-Versteigerung wesentlich mehr Personen Kenntnis erhalten als von einer herkömmlichen öffentlichen Versteigerung, ist der Erlös meist deutlich höher. Ähnlich positive Erfahrungen hat seit Jahren der Zoll mit seiner Zollauktion vorzuweisen (www.zoll-auktion.de).

5.2 Juristische Expertensysteme

Expertensysteme sind Computersysteme, die fachspezifisches Wissen umsetzen und einem Nichtexperten auf diesem Gebiet in Form eines Computerprogramms zur Verfügung stellen. In diesem Sinn tauchte der Begriff des Expertensystems auch in Kapitel 4 bei der Sprechererkennung auf (s.S.45), wo von einem dialektologischen Expertensystem die Rede war. Expertensysteme benutzen neben Wissen über Fakten und Regeln auch Heuristiken (Faustregeln) und vages Wissen. Sie können aus ihrem Wissen selbständig Schlüsse ziehen. Expertensysteme sind in eher technischen Disziplinen sehr üblich, sie werden beispielsweise in der U-Boot-Ortung, bei der Überwachung von Kernreaktoren oder in der medizinischen Diagnostik eingesetzt. Ein Expertensystem besteht aus mehreren Komponenten (vgl. folgende Abbildung). Zentral sind Wissensbasis und Inferenzkomponente. In der **Wissensbasis** ist das problembezogene Wissen des Expertensystems gespeichert. Beim Inhalt der Wissensbasis kann unterschieden werden zwischen dem generischen Wissen einerseits, das unabhängig vom aktuellen Anwendungsfall gespeichert ist, und dem fallspezifischen Wissen andererseits, das zur Lösung des aktuellen Anwendungsfalls notwendig ist.

Lernfähige Systeme können fallspezifisches Wissen nach der Lösung des Problems in den generischen Teil der Wissensbasis aufnehmen.

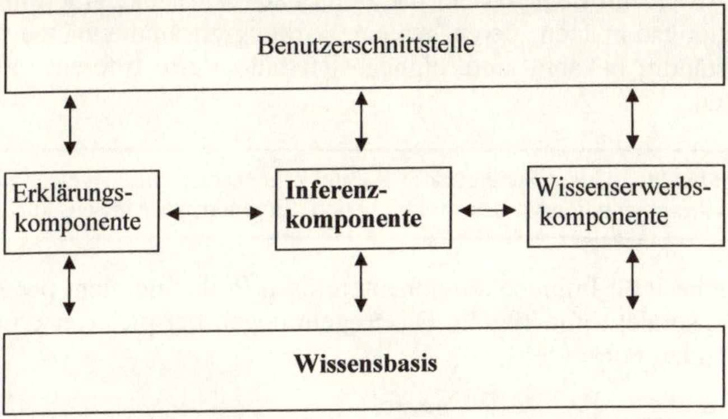

Abbildung 11: Aufbau eines Expertensystems (nach Gottlob et al. 1990)

Das generische Wissen umfasst Folgendes:

(51) a. *Fakten zu einem Problembereich*
Dies ist Lehrbuchwissen, beispielsweise Formulierungen von Naturgesetzen. Der menschliche Experte eignet sich dieses Wissen in seiner Ausbildung (Studium, Fachausbildung) an.

b. *Wissen über die Zusammenhänge der Fakten*
Dies ist ebenfalls meist Lehrbuchwissen, beispielsweise eine Formulierung des Zusammenhangs zwischen Luftdruck und Wetter.

c. *Wissen über Schlussfolgerungsmechanismen und Heuristiken*
Dies ist das eigentliche Erfahrungswissen menschlicher Experten. Der Experte eignet es sich durch langjähriges Arbeiten in einem bestimmten Problembereich an. Es beinhaltet auch den Umgang mit unvollständigen Informationen und mit Informationen aus den Randbereichen des Aufgabengebietes.

d. *Strategisches Wissen*
Dies ist ebenfalls Erfahrungswissen, es geht dabei darum, wie man ein Problem angeht, um effizient zu einer Lösung zu gelangen.

Der **Inferenzkomponente** zieht selbständig Schlüsse (Inferenzen). Die technische Realisierung variiert je nach Zielsetzung zwischen einem fall- und einem regelbasierten System. Fallbasierte Inferenzkomponenten lösen Probleme durch Analogieschluss. Das zentrale Element in einem solchen System ist die Falldatenbank, in der bereits gelöste Probleme als Fälle gespeichert sind. Ziel ist es, zur Lösung eines neuen Problems die Lösung eines ähnlichen und früher bereits gelösten Problems heranzuziehen. Fallbasierte Inferenzkomponenten können bei schlecht strukturierten und unvollständig beschriebenen Problemen angewendet werden. Anfänglich genügt eine vergleichsweise kleine Sammlung von Referenzfällen, die durch die Arbeit mit dem System nach und nach anwächst. Auch in Anwendungsdomänen, deren genaue Wirkungszusammenhänge nicht vollständig bekannt sind, eignen sich fallbasierte Inferenzkomponenten.

Aufgabe 29: Blättern Sie zurück in Kapitel 2.2, Rechtstheorie. Welche juristischen Argumentationsweisen sind fallbasiert? Begründen Sie jeweils kurz.

Regelbasierte Inferenzkomponenten lösen Probleme nicht per Analogie, sondern mit Regeln. Die Regeln liegen beispielsweise in der folgenden Form vor:

(52) a. Regel: WENN... DANN...
b. Beispiel:
WENN Eheleute ein Jahr getrennt gelebt haben
DANN kann ein Antrag auf Scheidung der Ehe gestellt werden

Der WENN-Teil der Regel wird auch als Prämisse, der DANN-Teil als Konklusion bezeichnet. Soll also ein neues Problem gelöst werden, muss die geeignete Regel gefunden und angewendet werden.

Durch die Erklärungskomponente (Abbildung 11, links) kann der Benutzer die Arbeit des Expertensystems verfolgen und verstehen. Das System rechtfertigt Schlussfolgerungen und stellt dies dem Benutzer dar. Die Wissenserwerbskomponente (Abbildung 11, rechts) hat die Aufgabe, den Aufbau und die Erweiterung der Wissensbasis zu unterstützen. Sie stellt Funktionen zur Verfügung, die die Konsistenz und Vollständigkeit des gespeicherten Wissens überprüfen. Idealerweise kann die Wissenserwerbskomponente aus digitalisierten Texten selbständig Informationen, also Wissen, extrahieren. Über die Benutzerschnittstelle (Abbildung 11, oben) tritt der Benutzer mit dem Expertensystem in Interaktion; idealiter ist eine natürlich-sprachliche Interaktion möglich.

Juristische Expertensysteme im engeren Sinne verfügen über alle genannten Komponenten. Oft werden allerdings auch einfachere EDV-Anwendungen (wie juristische Lernhilfesysteme oder Systeme zur Literaturrecherche) schon als juristische Expertensysteme tituliert. Hier soll es im Folgenden nur um juristische Expertensysteme im engeren Sinne gehen; hiervon gibt es eine ganze Reihe: www.jura.uni-sb.de/projekte/expertensysteme/index.html.

Exemplarisch sei hier ein juristisches Expertensystem zur Prüfung verschiedener miet-, arbeits- und strafrechtlicher Fragen demonstriert. Es erfordert kein Downloaden von Dateien oder Programmen, die Benutzerschnittstelle ist webbasiert (jura.informatik.uni-wuerzburg.de/d3web-dialog/servlet/d3web). Auf der Startseite kann die Wissensbasis ausgewählt und geladen werden – hier wurde ‚Alkohol am Steuer' gewählt:

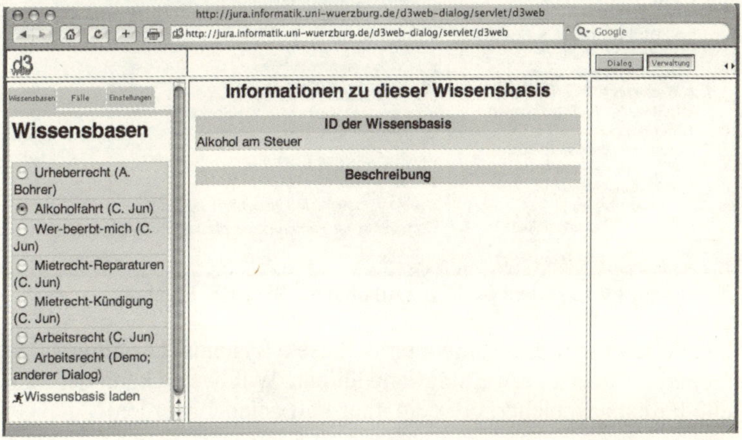

Abbildung 12: Expertensystem zu ‚Alkohol am Steuer' – Auswahl der Wissensbasis

Der Benutzer muss verschiedene Fragen beantworten, u.a. welches Fahrzeug er gesteuert hat, wie viel Promille Alkohol er im Blut hatte etc. Hier wurde als Beispiel eingegeben: eine absichtlich verkehrsgefährdende Fahrrad-Fahrt mit 2-3 Promille. Das Expertensystem liefert folgendes Ergebnis (s. Abbildung 13): 7 Punkte in Flensburg, Entzug des Führerscheins und Sperre bis zu fünf Jahren, etc. In der folgenden Abbildung stehen in der linken Spalte die Fragen, rechts wird das Ergebnis angezeigt. Man kann jedes Teilergebnis (beispielsweise die 7 Punkte in Flensburg) begründen und aus den eingegebenen Daten herleiten lassen, indem man das Symbol „E" hinter dem Teilergebnis anklickt – hier ist also die Erklärungskomponente des Systems (vgl. Abbildung 11, links).

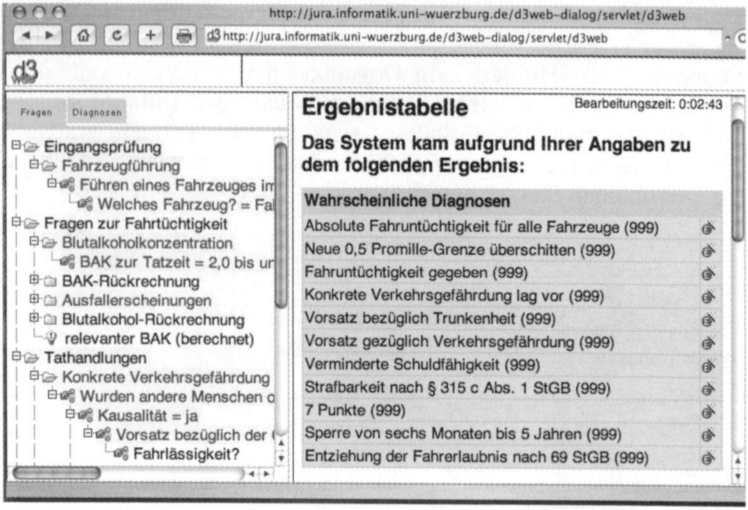

Abbildung 13: Expertensystem zu ‚Alkohol am Steuer' – Ergebnis

Die Wissenserwerbskomponente dieses Systems (Abbildung 11, rechts) ist über ‚Verwaltung' anwählbar. Wahlweise kann der aktuelle Fall abgespeichert oder ein alter Fall geladen werden:

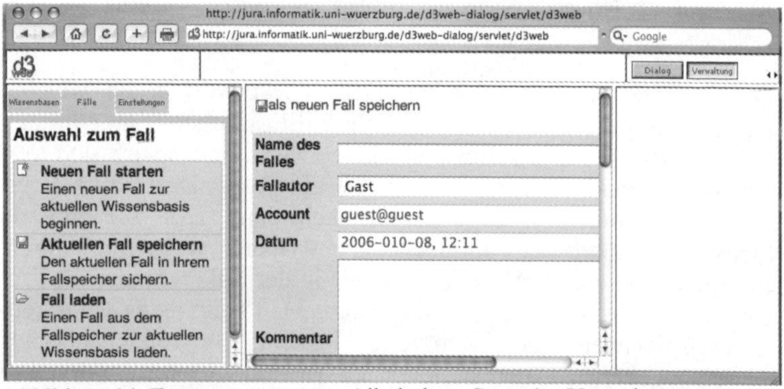

Abbildung 14: Expertensystem zu ‚Alkohol am Steuer' – Verwaltung

---

Aufgabe 30: Konsultieren Sie dieses Expertensystem. Geben Sie an, ein Auto nicht bewusst verkehrsgefährdend mit 1,7-2 Promille gesteuert zu haben. Was ist das Ergebnis? Wie lange braucht das Expertensystem zur Ermittlung?
Aufgabe 31: Blättern Sie zurück zu Aufgabe 5 in Kapitel 2. Welche Probleme stellen sich, wenn Sie für das Lösen solcher Fälle ein Expertensystem benutzen

würden? Gehen Sie dabei auf Rechtsbegriffe wie ‚Billigkeit' ein, die in der genannten Aufgabe eine Rolle spielen.

Wissensbasen von Expertensystemen enthalten verschiedene Arten von Wissen, vgl. (51). In der Informatik hat sich der Begriff ‚**Ontologien**' für formal definierte Systeme von Konzepten und Relationen durchgesetzt; die meisten Wissensbasen von Expertensystemen benutzen Ontologien.

Ursprünglich war die Ontologie als Lehre vom Seienden eine philosophische Disziplin und Teil der Metaphysik. Im Bereich der künstlichen Intelligenz wurde der Begriff ‚Ontologie' ab Anfang der 1990er Jahre durch Gruber (1993) und Neches et al. (1991) populär – allerdings nicht im philosophischen Sinne. Ontologien im Verständnis der Informatik dienen in verschiedenen Bereichen als Mittel zur Strukturierung und zum Datenaustausch, um bereits bestehende Wissensbestände zusammenzufügen. Experten aus verschiedenen Gebieten müssen sich dann nur noch um die Modellierung ihres jeweiligen Spezialwissens und die dafür notwendigen Inferenzprozesse kümmern. Auf diese Weise können Faktenwissen, Problemlösungstechniken und Schlussfolgerungsmechanismen von mehreren Systemen geteilt werden. Ontologien sind zu unterscheiden von Taxonomien. Ontologien stellen Netzwerke von Informationen mit logischen Relationen dar, während Taxonomien eine einfache Hierarchie bilden. Taxonomien können als Baumstrukturen mit Knoten und Zweigen dargestellt werden. Tiefer verschachtelte Zweige einer Taxonomie enthalten spezifischeres Wissen, während Knoten, die näher an der Wurzel liegen, allgemeinere Informationen enthalten.

Ontologien haben mit der Idee des ‚semantischen Webs' in den letzten Jahren einen Aufschwung erfahren. Das **semantische Web** ist eine Erweiterung des World Wide Web (WWW) um maschinenlesbare Daten, welche die Semantik der Inhalte formal festlegen. Das Konzept beruht auf einem Vorschlag vom WWW-Begründer Tim Berners-Lee. Informationen sollen zusätzlich zu der für Menschen lesbaren Form auch formal, in einer für Maschinen verarbeitbaren Form repräsentiert werden, damit Programme darauf operieren können. So könnten beispielsweise Google-Anfragen aufgrund ihres Bedeutungsinhalts statt ihrer Schreibweise bearbeitet werden. Man bekäme von Google Jahreszahlen als Antwort auf die Frage ‚Wann war Deutschland Fußballweltmeister?' Zur Zeit kann man nur *Deutschland Weltmeister* eingeben und bekommt dann eine Reihe von (mehr oder weniger) treffenden Seiten, in denen beide

Wörter auftauchen. Das semantische Web steht allerdings noch ganz am Anfang. Ontologien haben einen wichtigen Platz im semantischen Web, weil sie die Bedeutung von Begriffen und Relationen zwischen den Begriffen explizit machen.

Formale Sprachen zur Beschreibung von Ontologien sind u.a. das *RDF-Schema*, *DAML+OIL* und die vom *World Wide Web Consortium* für das semantische Web propagierte *Web Ontology Language (OWL)*. Analog zu einer Datenbank, in der Struktur (Datenbankschema) und Inhalt (Daten) ein Ganzes bilden, gehören auch bei einer Ontologie die Regeln und die Konzepte zusammen. Während klassische Datenbanken keine Informationen über die Bedeutung der gespeicherten Daten speichern, besitzen auf Ontologien beruhende Datenbankanwendungen eine formale Beschreibung der Daten sowie Regeln über deren Zusammenhänge. Diese Regeln erlauben es, Rückschlüsse aus den vorhandenen Daten zu ziehen, Widersprüche in den Daten zu erkennen und fehlendes Wissen selbständig aus dem Vorhandenen zu ergänzen. Diese Rückschlüsse werden durch Inferenzen abgeleitet, also durch logisches Folgern. Bestandteile von Ontologien sind u.a.:

(53) a. *Konzepte*
Klassifizierung einer Gruppe von Objekten (Instanzen).
Beispiele: ‚Stadt', ‚Land'

b. *Instanzen*
Objekte, die durch ein Konzept beschrieben werden.
Beispiel: ‚Frankfurt' als Instanz des Konzepts ‚Stadt'

c. *Relationen*
Eigenschaften, die Beziehungen herstellen.
Beispiel: ‚liegt in' in , Frankfurt *liegt in* Deutschland'.

Wenn man eine juristische Ontologie für ein Expertensystem aufbauen will, muss zuerst nach relevanten Begriffen gesucht werden. Beim ‚Alkohol am Steuer' sind dies u.a. *Kraftfahrzeug, Fahrrad, Fahrzeug, Blutalkoholkonzentration, 0-3 Promille, Fahrtüchtigkeit, Schlangenlinienfahren, Ausfallerscheinungen.* Im nächsten Schritt werden die Beziehungen der Begriffe untereinander untersucht, diese kann man beispielsweise so notieren:

(54) a. *Fahrzeug* ist ein Oberbegriff für *Kraftfahrzeug* und *Fahrrad*
b. *Ausfallerscheinungen* ist ein Oberbegriff für *Schlangenlinienfahren*
c. *Fahrtüchtigkeit* hängt ab von *Blutalkoholkonzentration* und *Ausfallerscheinungen*
d. *Blutalkoholkonzentration* kann Werte annehmen von *0-3 Promille*
e. *Fahrtüchtigkeit* ist definiert im Zusammenhang mit *Fahrzeugen*

Wenn man die Oberbegriffe als Konzepte und die Unterbegriffe als Instanzen sieht, hat man schon fast eine Ontologie beisammen; *hängt ab von*, *kann Werte zeigen von*, *ist definiert im Zusammenhang mit* sind Relationen im Sinn von (53c). Ob nun in der ontologischen Sichtweise oder in der des Expertensystems – wer betrunken Fahrrad fährt, kann mit 2-3 Promille bis zu 7 Flensburger Punkte erreichen.

5.3 Zusammenfassung

- Internetbasierte Kommunikation und Information in Form von Wikis, Blogs und RSS ist auch im juristischen Bereich üblich.
- Der Staat stellt juristische Informationen zunehmend ins Internet (Justizportale, Datenbanken, Gerichtstafeln).
- Expertensysteme können den Juristen in der täglichen Arbeit unterstützen; diese Systeme ziehen selbständig Schlussfolgerungen – per Analogie oder regelbasiert.
- Ontologien spielen eine wichtige Rolle im semantischen Web und in den Wissensbasen von Expertensystemen.

Grundbegriffe: Blog, Datenbank, Expertensystem, Inferenzkomponente, Ontologien, Rechtsinformatik, RSS, semantisches Web, Wiki, Wissensbasis

Weiterführende Literatur: Übersichtlich gestaltet und informativ zum Thema ‚Internet für Juristen' ist Kröger/Kuner (2001). Eine gute allgemeine Einführung in Expertensysteme ist Gottlob et al. (1990). Eine interessante Monographie über ein Expertensystem im Urheberrecht ist Bohrer (2003); Übersichtsdarstellungen zu juristischen Expertensystemen sind Fiedler (1986), Fiedler (1988), Kowalski (1987). Klassische Aufsätze zu Ontologien sind Gruber (1993) und Neches et al. (1991).

6. Übersetzen und Dolmetschen im juristischen Kontext

Eine Sizilianerin hat ihrem untreuen Freund im Zorn eine Vielzahl von Messerstichen zugefügt. Er überlebt, sie muss sich wegen der Messerstecherei vor einem deutschen Gericht verantworten. Im Rahmen des Ermittlungsverfahrens sagt sie bei der Polizei aus – selbstverständlich auf Sizilianisch. Ihre Aussage wird von Übersetzer A ins Deutsche übertragen und liegt dem Richter bei der Verhandlung vor; in der übersetzten Aussage ist die Rede davon, dass sie ihren Freund hatte *töten* wollte. Der Richter versucht, diesen Tötungsvorsatz in der Verhandlung zu klären. Die Sizilianerin spricht von *ammazzare*, der Dolmetscher B übersetzt dies vor Gericht mit *eine Lektion erteilen*. Auch sonst spricht einiges dafür, dass die Sizilianerin ihren Freund nicht hatte töten wollen. Im Sizilianischen unterscheidet man zwischen *uccidere* (dies kann nur *töten* bedeuten) und *ammazzare*. *Ammazzare* kann *töten* oder *eine Lektion erteilen* heißen. Man lädt den Übersetzer A, der auf der Polizei *ammazzare* geradewegs mit *töten* übersetzt hatte, als Zeugen vor Gericht und fragt ihn, warum er nicht beide Bedeutungen von *ammazzare* genannt hätte. Er gibt an, für ihn wäre der Fall klar gewesen, sie hätte den Freund töten wollen, schließlich hätte sie die Tat mit einem großen Messer ausgeführt (abgewandelt von Horn 1995).

Abschnitt 6.1 beschäftigt sich mit Übersetzen und Dolmetschen an deutschen Gerichten, also Fällen wie denen der messerstechenden Sizilianerin. Was sind die praktischen Probleme beim Übersetzen vor Gericht? Wieso entstehen Missverständnisse wie im genannten Beispiel? Abschnitt 6.2 erweitert die Übersetzungsproblematik auf die EU-Ebene. In Europa werden laut Ethnologue (www.ethnologue.com) mehr als 200 Sprachen gesprochen. In der EU wird auch offiziell Mehrsprachigkeit praktiziert – 20 Sprachen sind als Amts- und Arbeitssprachen anerkannt. Neben dem Problem der Mehrsprachigkeit gibt es in der EU ein weiteres Problem, das der Vielfalt der Rechtssysteme, die schlecht ineinander ‚übersetzbar' sind.

6.1 Übersetzen und Dolmetschen an deutschen Gerichten

Eine Translation von Texten wird Übersetzen genannt, eine Translation von gesprochener Sprache nennt man Dolmetschen. Vor deutschen Gerichten gilt bekanntlich (s.S.28) der Mündlichkeitsgrundsatz; Gerichtsverhandlungen finden zudem ausschließlich auf Deutsch statt (§ 184 GVG). Wenn ein Verfahrensbeteiligter des Deutschen nicht mächtig ist, muss ein Dolmetscher hinzugezogen werden, dies schreibt § 185 GVG vor. Bei einer idealen Übersetzung geschieht folgendes: Äußerungen der Ausgangssprache (AS) werden in Äußerungen der Zielsprache (ZS) umgewandelt; die Äußerungen sind in ihrer Bedeutung äquivalent. Folgendes Schema mag dies illustrieren:

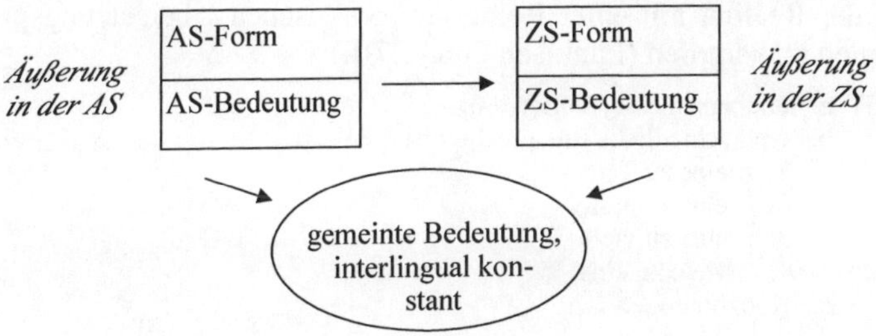

Abbildung 15: Modell des Übersetzens, abgewandelt von Koller (1997:97)

Sowohl die Äußerungen der AS als auch die der ZS haben zwei ‚Seiten', eine Form-Seite und eine Bedeutungs-Seite. Diese sog. Doppelnatur des sprachlichen Zeichens geht auf Saussure (1916) zurück. So verweist der Begriff ‚Apfel' als Lautabfolge (Form) auf die Vorstellung (Bedeutung) eines tatsächlichen Apfels. ‚Interlingual', also unter den verschiedenen Sprachen (lateinisch ‚lingua': Zunge, Sprache) unterscheidet sich die Bedeutung von Äpfeln nicht wesentlich, wohl aber die Form:

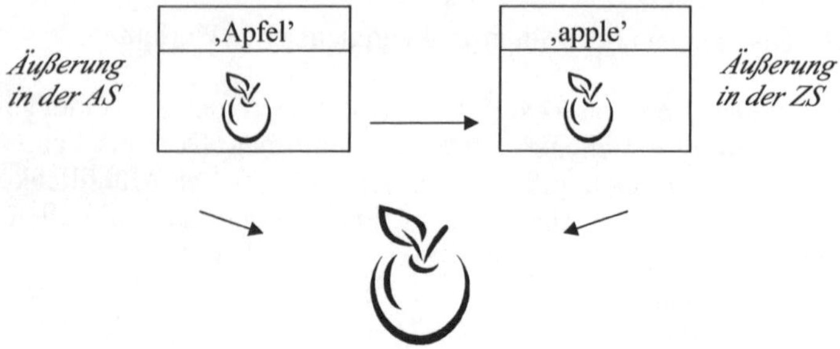

Abbildung 16: Doppelnatur des sprachlichen Zeichens

Nun geht es vor Gericht in den wenigsten Fällen um Paare wie ,Apfel-apple'; die einfache Bedeutungsäquivalenz zwischen AS und ZS ist ein selten vorkommender Idealfall. Der Gerichtsdolmetscher hat in der Realität mit einer Reihe von praktischen Übersetzungsproblemen zu kämpfen (Lankisch 2004:27ff.):

(55) a. unübersetzbare Wörter
b. unterschiedliche Entsprechungstypen
1. eins zu Teil
2. eins zu null
3. eins zu viele
4. viele zu eins
c. Konnotationen
d. Stil und Kultur
e. Mehrdeutigkeit

Unübersetzbare Wörter (55a) sind solche, deren Bedeutung ohne gute Kenntnis des kulturellen Hintergrunds ihrer Verwendung schwer zu ermitteln ist. Meist bleiben solche Wörter unübersetzt, beispielsweise engl. *gentleman* oder franz. *charme*.

Aufgabe 32: In Wörterbüchern finden Sie teilweise dt. *Kavalier* als Übersetzung von engl. *gentleman*. Warum ist das problematisch? Schlagen Sie in einem einsprachigen Wörterbuch (z.B. *Collins Cobuild Advanced Learner's English Dictionary*) die Bedeutungen von *gentleman* nach. Zeichnen Sie ein Diagramm im Stil von Abbildung 16 für das Paar *Kavalier* und *gentleman*. Anstatt der Bilder in Abbildung 16 verwenden Sie Umschreibungen wie ,schenkt Frauen Blumen'.

Oft entsprechen sich die Wörter in AS und ZS nicht eins zu eins. Eine Eins-zu-Teil-Entsprechung (55b1) ist relativ häufig:

(56) „Deutsch *Hexe* und englisch *witch* entsprechen sich nicht ganz: das englische Wort hat neben sich das Wort *hag* mit den Elementen ,alt', ,häß-

lich', ,Frau (ohne Zauberkraft)'; sollen diese Elemente betont werden, so wird *hag* gebraucht. Die Folge ist, daß bei *witch* die Elemente des Schönen, Jugendlichen, Zauberhaften stärker oder häufiger in den Vordergrund treten als bei *Hexe* [...]. Vom Deutschen aus gesehen kann man auch sagen, daß sich *witch* bereits der Bedeutung von *Fee* nähert. Betrachtet man andererseits englisch *fairy*, so stellt man fest, daß hier (im Vergleich zu *Fee*) das Kleine, Elfenhafte, stärker vorherrscht [...]. Das Wort ist also wiederum ,verschoben', und zwar gegen die Bedeutung von deutsch *Elfe* hin. Englisch *elf* wiederum geht stärker gegen deutsch *Kobold* [...]: " (Leisi 1973:94f.)

Hexe	Fee	Elfe	Kobold
hag	Witch	fairy	Elf

Wörter tauchen immer im Kontext auf, dieser legt die Bedeutung oft fest, so dass Eins-zu-Teil-Entsprechungen normalerweise keine unüberwindbaren Übersetzungshindernisse darstellen. *Die alte Hexe hat mich vergiftet* würde übersetzt mit *the old hag poisoned me*, weil ,alt' nur mit ,hag', nicht aber mit ,witch' kombiniert werden kann.

Bei Eins-zu-null-Entsprechungen (55b2) existiert für ein Wort der AS keine Entsprechung in der ZS. Für das deutsche Wort *Bundesgerichtshof* gibt es keine Entsprechung im Französischen, weil es in Frankreich keine entsprechende Einrichtung gibt. Eins-zu-null-Entsprechungen sind echte ,Lücken' in der ZS. Diese ,Lücken' tauchen meist in Verbindung mit neuen oder landesspezifischen Gegenständen auf, wenn in der ZS ein entsprechender Sachverhalt politischer, institutioneller oder soziokultureller Art (noch) nicht vorhanden ist. Der Übersetzer hat hier prinzipiell drei Möglichkeiten (vgl. Koller 1997:232 ff.):

(57) a. Übernahme des Ausdrucks in die ZS als Zitat oder Lehnwort
engl. *joint venture* – dt. *Joint Venture*
schwed. *ombudsman* – dt. *Ombudsmann*

b. Lehnwortübersetzung (Glied für Glied)
dt. *DFB (Deutscher Fußballbund)* – schwed. *Tyska fotbollsförbundet*
engl. *data processing* – dt. *Datenverarbeitung*

c. Verwendung der am nächsten liegenden Entsprechung
engl. *public relations* – dt. *Öffentlichkeitsarbeit*
engl. *linguistic performance* – dt. *Sprachverwendung*

Von Diversifikation wird gesprochen, wenn einem Ausdruck der AS mehrere mögliche Entsprechungen in der ZS gegenüberstehen. Beispiele für solche Eins-zu-viele-Entsprechungen (55b3) sind (vgl. Koller 1997:230f.):

(58) a. engl. *control* – dt. *Regelung, Steuerung, Bedienung, Regelgerät* etc.
b. dt. *Großvater* – schwed. *morfar* (mütterlicherseits), *farfar* (väterlicherseits)
c. dt. *verheiratet* – tschech. *ženatý* (bei Männern), *vdaná* (bei Frauen)

Hier ist der Wortkenntnisumfang des Dolmetschers ganz entscheidend. Das zu Beginn dieses Kapitels im Kontext der messerstechenden Sizilianerin erwähnte Verb *ammazzare* ist ein weiteres Beispiel für Diversifikation und ihre mögliche Relevanz vor Gericht.

Existieren für mehrere Begriffe der AS nur ein einziger Ausdruck in der ZS, so spricht man von Neutralisation, (55b4) (vgl. Koller 1997:231f.):

(59) a. schwed. *leka* (Kinder spielen), *spela* (Instumente spielen) – dt. *spielen*
b. engl. *grant* (Stipendium für die Ausbildung), *stipend* (Stipendium für die Lebenshaltung) – dt. *Stipendium*

Die bisher erläuterten Übersetzungsprobleme beziehen sich auf die denotative Seite der Bedeutung. Die **Denotation** eines Wortes ist die kontext- und situationsunabhängige begriffliche Grundbedeutung. Die Verben *sterben, entschlafen, ins Gras beißen* haben eine einzige Denotation, sie beschreiben den Übergang vom Leben zum Tod. Sie unterscheiden sich allerdings in ihren Konnotationen (55c); *sterben* ist ‚neutral', *entschlafen* ist ‚vornehm', *ins Gras beißen* ist ‚umgangssprachlich'. Die **Konnotation** eines Wortes ist die subjektiv und regional variable emotionale Bedeutungskomponente. Die Konnotation eines Ausdrucks überlagert die Denotation und ist meist schwierig zu beschreiben. Umso schwieriger ist es für einen Dolmetscher, neben der denotativen Äquivalenz von Äußerungen auch eine konnotative Äquivalenz herzustellen.

Ein Beispiel aus einem Gerichtsverfahren mag die Problematik von Denotation und Konnotation erläutern:

(60) Ein türkischer Familienvater musste sich vor einem deutschen Verwaltungsgericht verantworten. Seine Frau hatte mit den Kindern immer in Deutschland gelebt, er in Istanbul. Er sagt auf Türkisch aus, der Gerichtsdolmetscher übersetzt: „Und dann habe ich die *Kinder* nach Istanbul kommen lassen". Der Gerichtsdolmetscher hat das türkische Wort *çocuklar* in der Denotation korrekt mit *Kinder* übersetzt. Allerdings meint der türkische Familienvater mit *çocuklar* nicht nur seine Kinder, sondern *seine Frau und seine Kinder zusammen*. Später in der Verhandlung spricht der Familienvater vom Aufenthalt seiner Frau in Istanbul. Der Richter hält seine Aussagen von nun an für widersprüchlich, weil vorher von der Frau nicht die Rede gewesen war. Der Familienvater hatte schließlich nur die *Kinder* nach Istanbul kommen lassen. Das Missverständnis kann durch die Anwältin aufgeklärt werden, die mit der türki-

schen Mentalität vertraut war. Der Familienvater kam aus einem anatolischen Dort mit stark patriarchalischen Strukturen, in denen Frauen einen so geringen Stellenwert haben, dass Männer es nicht gewohnt sind, sie ausdrücklich zu erwähnen. Für den Familienvater hatte *çocuklar* die Konnotation *Familie*, also *Kinder und Frau.* (Abgewandelt von Lankisch (2004:33))

Das Beispiel macht deutlich, dass die Konnotation in einem engen Zusammenhang mit Stil und Kultur (55d) zu sehen ist. Der Gerichtsdolmetscher kann im optimalen Fall eine denotative und konnotative Äquivalenz der Äußerungen herstellen, aber wie soll er den individuellen und persönlichen Stil ausdrücken? Soll er ‚schlechtes Türkisch' mit Grammatikfehlern in ‚schlechtes Deutsch' übertragen? Dies würde nicht nur den Dolmetscher überfordern, es ist auch schlechthin unmöglich. Die stilistischen Effekte von Grammatikfehlern sind in den Sprachen meist nicht zu einer Äquivalenz zu bringen. Als ein Beispiel sei hier *Black English* (Labov 1977) gewählt:

(61) a. *Black English*: Es gibt kein Genitiv-s, der Genitiv wird durch die Reihenfolge ausgedrückt: *my momma sister* (für *Standard English* ‚my mother's sister')

b. mögliche deutsche Entsprechung: *meine Mutter Schwester*

Die eins-zu-eins-Übertragung des Grammatikfehlers aus dem *Black English* hat nicht den Effekt von Gastarbeiterdeutsch, das eher mit einer *von*-Ergänzung ausgedrückt würde (*die Schwester von meine(r) Mutter*). Die Übersetzung *meine Mutter Schwester* ist schlicht unverständlich. Normalerweise beziehen Richter bei der Beurteilung der Glaubwürdigkeit von Angeklagten und Zeugen auch deren Sprachstil mit ein. Wird gedolmetscht, müssen sich die Prozessbeteiligten darüber klar sein, dass Rückschlüsse auf die Persönlichkeit und Glaubwürdigkeit nicht in gleicher Weise gezogen werden können.

Aufgabe 33: In Kapitel 2 (S.28) war vom Mündlichkeitsgrundsatz die Rede; in Strafverfahren soll das Gericht über die Schuld des Angeklagten nach seiner freien, aus dem Inbegriff der Hauptverhandlung geschöpften Überzeugung entscheiden. Schränkt Gerichtsdolmetschen diese Prinzipien ein? Begründen Sie.

Schließlich erschweren Mehrdeutigkeiten (55e) die Dolmetschertätigkeit. Der Ausdruck *die Bilder von Winston Churchill* hat im Deutschen drei Bedeutungen; dieselben, die sein französisches Äquivalent *les tableaux de Winston Churchill* hat (Koller 1997:141f.):

(62) a. die Bilder, die Winston Churchill gemalt hat
b. die Bilder, die Winston Churchill gehören
c. die Bilder, die Winston Churchill darstellen

Im Englischen würde man die drei Bedeutungen durch drei unterschiedliche Konstruktionen ausdrücken:

(63) a. the pictures by Winston Churchill (=(62a))
b. the pictures of Winston Churchill's (=(62b))
c. the pictures/portraits of Winston Churchill (=(62c))

Auch beim Genitivus obiectivus und subiectivus unterscheiden sich die Sprachen. Der deutsche Ausdruck *die Liebe der Kinder* ist mehrdeutig zwischen der obiectivus- und der subiectivus-Lesart:

(64) a. Genitivus obiectivus: jemand liebt die Kinder
die Liebe der Kinder ist Elternpflicht
b. Genitivus subiectivus: die Kinder lieben jemanden
die Liebe der Kinder zu den Eltern

Im Englischen und Französischen gibt es keine mehrdeutigen Ausdrücke wie *die Liebe der Kinder*. Für die obiectivus- und subiectivus-Lesarten werden unterschiedliche Konstruktionen verwendet:

(65) a. Genitivus obiectivus: jemand liebt die Kinder
love for one's children is a parental duty
l'amour des parents envers leurs enfants est un devoir
b. Genitivus subiectivus: die Kinder lieben jemanden
children's love for/ of their parents
l'amour des enfants (pour leurs parents)

Man kann die Sprachen der Welt in Gruppen zusammenstellen, um deren Verwandtschaft und Ähnlichkeit auszudrücken; dies wird in der Linguistik Typologie genannt. Momentan existieren fast 7.000 gesprochene Sprachen. Sie verteilen sich folgendermaßen auf die Kontinente:

Kontinente	*Sprachen*	*Prozent*
Amerika	1.002	14,5%
Afrika	2.092	30,3%
Europa	239	3,5%
Asien	2.269	30,3%
Pazifik	1.310	19,0%
Summe	6.912	100%

Abbildung 17: Sprachen der Welt nach Kontinenten (www.ethnologue.com)

Diese Zahlen sagen noch nichts über die Sprecheranzahlen und Sprachfamilien aus. Hier eine Übersicht:

Sprachfamilie	*Sprachen*	*Sprecher*	*Verbreitungsgebiet*
Indogermanisch	220	2675 Mio	Europa, SW- und Südasien; *heute weltweit*
Sinotibetisch	335	1288 Mio	China, Himalaya-Region, Südostasien
Niger-Kongo	1364	354 Mio	West-, Zentral- und Südafrika
Afroasiatisch	311	347 Mio	Nord-Afrika, Naher Osten
Austronesisch	1119	296 Mio	Indo-Pazifik, Philippinen, Indonesien, Madagaskar

Abbildung 18: Sprachen der Welt nach Sprachfamilien (www.ethnologue.com)

Das Deutsche gehört zur Familie der indogermanischen Sprachen; linguistisch weit voneinander entfernt sind Sprachen, die unterschiedlichen Sprachfamilien angehören. Wenn AS und ZS linguistisch und kulturell weit voneinander entfernt sind, wird man beim Dolmetschen häufig Eins-zu-null-Entsprechungen (55b2) antreffen.

Aufgabe 34: Wählen Sie zwei linguistisch weit voneinander entfernte Sprachen, konsultieren Sie dazu Comrie (1987). Listen Sie für diese Sprachen zehn Eins-zu-null-Entsprechungen. Welche Rolle spielt die kulturelle Differenz?

Die Schwierigkeiten beim Dolmetschen müssen jedoch nicht mit der ‚Entfernung' der Sprachen voneinander zunehmen. Auch bei Sprachen, die sich sehr ‚nahe' stehen, treten Probleme auf. Als ein Beispiel sei hier dt. *Mord/Totschlag* und nl. *moord/doodslag* erwähnt. *Mord* ist in Deutschland durch bestimmte Motive und die Art und Weise des Tötens definiert (§ 211, Abs. 2 StGB). Im niederländischen Recht ist *moord* nicht durch Motive und die Art und Weise des Tötens bestimmt; zum *moordenaar* wird man allein durch Vorsatz und vorherige Planung (Art. 287 StGB der Niederlande). So können manche deutsche *Mörder* nach niederländischem Recht nur für *doodslag* verurteilt werden, niederländischer *doodslag* ist in Deutschland hingegen meist *Mord* (Kupsch-Losereit 2005).

Oft verändert sich die Bedeutung eines Satzes durch die Betonung (auch Intonation genannt); ein Faktum, das ebenfalls beim Dolmetschen zu berücksichtigen ist:

(66) Max schlägt seine Frau nicht, weil er sie liebt

Je nach Intonation hat dieser Satz verschiedene Bedeutungen (Büring 1997, Jackendoff 1972):

(67) a. Max schlägt seine Frau nicht, dies unterlässt er deswegen, weil er sie liebt. (*Intonation* in (66): *nicht* ist unbetont)
b. Max schlägt seine Frau, aber nicht deswegen, weil er sie liebt. (*Intonation* in (66): *nicht* ist betont)

Dieses Phänomen macht klar, dass die Bedeutung von Sätzen sich nicht einfach aus der Kombination der Wörter ergibt. Wörterbücher als alleinige Übersetzungshilfe sind also von begrenztem Nutzen.

6.2 Juristische Dimensionen der EU-Mehrsprachigkeit

Folgendes berichtet die F.A.Z. im Februar 2006 von der im Auftrag der Europäischen Kommission Ende 2005 vorgenommenen „Eurobarometer"-Umfrage: Der Anteil der EU-Bürger, die mindestens eine Fremdsprache beherrschen, ist seit 2001 von 47% auf 56% gestiegen. Nach wie vor ist Englisch am stärksten verbreitet, aber nicht zuletzt wegen des EU-Beitritts von acht mittel- und osteuropäischen Ländern liegt Deutsch noch vor Französisch an zweiter Stelle. 51% der Befragten gaben an, Englisch zu beherrschen - dreizehn Prozent (Briten und Iren) als Muttersprache und 38% als Fremdsprache. Die Hälfte der Befragten stimmen sogar dem 2002 von den Staats- und Regierungschefs der EU in Barcelona formulierten Ziel zu, dass jeder Bürger in der Lage sein sollte, sich in zwei Fremdsprachen verständigen zu können. Europameister in dieser Disziplin sind die Luxemburger. Neben dem moselfränkischen „Letzebuergisch" beherrschen 92% mindestens zwei und 69% sogar mindestens drei weitere Sprachen. Europas Fremdsprachenmuffel sind in Spanien und Italien anzutreffen. Dort genügt nicht einmal jeder sechste der Barcelona-Norm „Muttersprache + zwei".

In der Europäischen Union (EU) werden 20 Sprachen als **Amtssprachen** anerkannt; mit Gälisch ab dem 1. Januar 2007 wären es 21 Sprachen. In den 20 Sprachen kann auch der Bürger alle Organe der EU kontaktieren, ein Prinzip, das durch den EG-Vertrag (Art. 21 und 314) geregelt ist. Neben diesen Amtssprachen existieren zahlreiche Regional- und Minderheitensprachen, wie z.B. Katalanisch oder Baskisch in Spanien. Die EU erklärt, die Sprachen und Sprachenvielfalt zu achten und respektieren. Von den Amtssprachen werden im internen Verkehr der Organe vor allem Englisch, Französisch und Deutsch als Arbeitssprachen verwendet, um die Verständigung zwischen den Mitarbeitern der europäischen Institutionen zu erleichtern. Die Europäische Kommission hat diese drei Sprachen in ihren internen Regeln per Gesetz bestimmt.

Schätzungen zufolge benutzen 40 Millionen EU-Bürger regelmäßig eine von Generation zu Generation überlieferte Regional- oder Minderheitensprache, in den meisten Fällen neben der Amtssprache des betreffenden Staates. Die übliche Definition von Regional- oder Minderheitensprache ist der Europäischen Charta für Regional- oder Minderheitensprachen entnommen, (www.coe.int/T/E/Legal_Affairs/Local_and_regional_Democracy/Regional_or_Minority_languages/). Nach dieser Definition handelt es sich um traditionell von Bevölkerungsteilen eines Staates gesprochene Sprachen, aber nicht um Dialekte der Amtssprachen, Zuwanderersprachen oder Kunstsprachen.

Diese Definition deckt eine Fülle von Sprachen ab. Katalanisch wird beispielsweise von ca. 7 Millionen Menschen in Spanien, Frankreich und Sardinien gesprochen. Die meisten Katalanisch Sprechenden leben in autonomen Gemeinschaften Spaniens, wo Katalanisch von der Mehrheitsbevölkerung gesprochen wird und neben Spanisch als Amtssprache gilt. Im Gegensatz dazu handelt es sich bei Saamisch um eine Sprachfamilie, die von alteingeborenen Volksgruppen in den nördlichen Teilen Finnlands, Schwedens, Norwegens und auf der russischen Halbinsel Kola gesprochen wird; manche dieser Sprachen werden nur von einigen Hundert Menschen gesprochen und sind unmittelbar vom Aussterben bedroht. Sowohl Katalanisch als auch Saamisch gelten als Regional- oder Minderheitensprachen. Die Definition von Regional- oder Minderheitensprache schließt auch Sprachgemeinschaften mit ein, die eine Amtssprache eines Nachbarstaates sprechen. Beispiele dafür sind die deutschsprachigen Gemeinschaften in Belgien, Dänemark, Frankreich oder Italien oder die kroatisch- und slowenischsprachigen Gemeinschaften in Italien und Österreich. Diese Sprachen sind zwar deswegen, weil sie in einem Nachbarland als Amtssprache gelten, nicht unmittelbar bedroht, ihre Lebendigkeit und das mit ihnen zusammenhängende kulturelle Erbe sind jedoch in diesen Gebieten einem ähnlichen Druck ausgesetzt, wie dies bei Minderheitensprachen wie Bretonisch oder Gälisch der Fall ist.

Neben den erwähnten territorialen Sprachen erstreckt sich die Definition auch auf Jiddisch sowie die Sprachen der Roma und Sinti, die traditionell in ganz Europa gesprochen werden.

Die Generaldirektion Übersetzung (DGT) ist die größte Dienststelle der Europäischen Kommission. Sie fertigt für die Kommission schriftliche Übersetzungen in die Amtssprachen der EU, je nach Bedarf aber auch in andere Sprachen an. Die DGT übersetzt Rechtsakte, Strategiepapiere, Reden, Hintergrundpapiere über rechtliche, technische, finanzielle, wissenschaftliche oder wirtschaftliche Fragen, Schriftwechsel, Presseunterlagen; einfach alles, was die Kommission und ihre Dienststellen bei ihrer Tätigkeit benötigen. Die DGT entwickelt und pflegt eine Vielzahl von computergestützten Übersetzungstools, darunter eine sehr umfangreiche Terminologiedatenbank und ein maschinelles Übersetzungssystem. Für die mündliche Übersetzung ist die Generaldirektion Dolmetschen zuständig.

Das institutionelle Gefüge der EU ist seit ihren Anfängen 1952 vielfältigen Wandlungen unterworfen gewesen. Die im Sinne der klassischen Gewaltenteilungslehre zu fordernde klare Zuordnung einzelner Institutionen zu Legislative, Exekutive und Judikative ist in der EU nur bedingt verwirklicht (zur Gewaltenteilung in Deutschland s.S.8):

(68) a. Europäische Kommission (Exekutive/Legislative)
b. Rat der Europäischen Union (Legislative/Exekutive)
c. Europäisches Parlament (Legislative)
d. Europäischer Gerichtshof (Judikative)

Die Europäische Kommission (68a) hat in der EU vornehmlich exekutive, aber auch legislative Funktionen. Sie hat das alleinige Initiativrecht in der EU-Gesetzgebung und schlägt demnach Rechtsakte (Richtlinien, Verordnungen, Entscheidungen) vor, die sie dem Europäischen Parlament und dem Rat der EU unterbreitet. Als Exekutivorgan sorgt die Kommission für die korrekte Ausführung der europäischen Rechtsakte, die Umsetzung des Haushalts und der beschlossenen Programme. Sie ist die ‚Hüterin der Verträge' und sorgt gemeinsam mit dem Europäischen Gerichtshof für die Einhaltung des Gemeinschaftsrechts. Die Kommission ist ein von den Mitgliedstaaten unabhängiges und supranationales Organ der Europäischen Gemeinschaften. Die 25 Kommissare dienen ihrem Auftrag nach allein der Union als Ganzes, nicht ihren jeweiligen Herkunftsstaaten.

Der Rat der Europäischen Union (auch Ministerrat genannt, (68b)) ist einerseits Teil der Legislative und repräsentiert die Mitgliedstaaten. Gemeinsam mit dem Europäischen Parlament beschließt der Ministerrat für die EU Gesetze. Da der Ministerrat internationale Verträge abschließt, ist er auch Teil der Exekutive.

Das Europäische Parlament (68c) wird seit 1979 alle fünf Jahre direkt von den Bürgern der Mitgliedstaaten gewählt und repräsentiert innerhalb der Legislative die Bevölkerung. Die Zahl der Abgeordneten pro Land richtet sich grundsätzlich nach der Bevölkerungszahl. Kleinere Länder sind aber überproportional vertreten, um auch diesen Ländern eine angemessene Repräsentation ihrer nationalen Parteienlandschaft zu ermöglichen.

Der Europäische Gerichtshof (auch: EuGH, (68d)) ist das oberste Gericht der Europäischen Gemeinschaften. Neben dem Europäischen Gerichtshof existiert seit 1989 noch das ihm vorgeschaltete Europäische Gericht erster Instanz. Beide Instanzen bestehen aus je einem Richter pro Mitgliedstaat, wobei der EuGH zusätzlich von acht Generalanwälten unterstützt wird. Diese werden von den nationalen Regierungen für die Dauer von sechs Jahren ernannt.

Ein Grundproblem der EU-Mehrsprachigkeit ist Gebundenheit von Rechtsbegriffen an die jeweilige Rechtsordnung. Rechtsordnungen sind keine objektiven Entitäten, sondern soziale Konstrukte. Ausdrücke, die in Sprache und Rechtssystem eines Mitgliedsstaates eine feststehende Bedeutung haben (z.B. franz. *ordre public*, dt. *Verhältnismäßigkeitsgrundsatz*), können nicht einfach in andere Sprachen übersetzt werden, wenn die Rechtssysteme von AS und ZS nicht vergleichbar sind. Der auffälligste Unterschied zwischen den Rechtssystemen innerhalb der EU ist der zwischen dem britischen *Common Law* und dem kontinentaleuropäischen kodifizierten Recht. Das deutsche Recht ist kodifiziert, d.h. es bildet ein System, das in einem Gesetzbuch (lat. *codex*) festgehalten ist. Allenfalls im Bereich der Fallnorm (s.S.17) kommt das deutsche Recht dem britischen *Common Law* nahe. Das *Common Law* stützt sich nicht auf Gesetze, sondern auf maßgebliche richterliche Urteile der Vergangenheit (Präzedenzfälle) und wird anhand dieser Präzedenzfälle auch entsprechend weitergebildet. Das *Common Law* hat also Züge des Gewohnheitsrechts. Nur ein geringer, jedoch im 20./21. Jahrhundert dann stark zunehmender Anteil ist kodifiziert (sog. *Statutory Law*).

Es ist nicht einmal selbstverständlich, dass ein Objekt aus der einen Rechtsordnung überhaupt in der anderen Rechtsordnung existiert. Klassisches Beispiel hierfür ist der *trust* des angloamerikanischen Rechts, der aus deutscher Perspektive Elemente der *Stiftung* und Elemente der *Treuhand* verbindet, ohne jedoch ein genaues Äquivalent im deutschen Recht zu haben (Kalbheim 2006). Aber auch wenn es in beiden Rechtsordnungen ein gleichartiges Konzept gibt, heißt das noch nicht, dass dieses in beiden Rechtsordnungen wirklich äquivalent ist. Als Beispiel möge hier ein Fall aus dem Strafrecht dienen. Wenn Student A von Student B ein Buch leiht und dieses dann an Student C weiterverkauft, so verwirklicht dieses Verhalten etwas, was nach schottischem Recht „theft (by appropriation)“ heißt. „Theft“ wird gewöhnlich als

„Diebstahl“ wiedergegeben, und dies ist grundsätzlich auch nicht falsch. Nach deutschem Recht handelt es sich in der konkreten Fallkonstellation allerdings um eine Unterschlagung – mangels Gewahrsamsbruch, der den Diebstahl von dieser abgrenzt. Insoweit ist also der Gehalt der Begriffe „theft“ und „Diebstahl“ nicht kongruent (Kalbheim 2006).

6.3 Zusammenfassung

- Ziel des Gerichtsdolmetschens ist eine Äquivalenz von Ausdrücken in der Ausgangs- und in der Zielsprache.
- Die Äquivalenz ist auf denotativer Ebene erschwert durch sog. unübersetzbare Wörter und Wörter, die nur Eins-zu-Teil-, Eins-zu-null-, Eins-zu-viele- oder Viele-zu-Eins-Entsprechungen haben.
- Konnotationen und Stil-/Kulturspezifika erschweren ebenfalls die äquivalente Übersetzung.
- In der EU können die Bürger sich in 20 bzw. 21 Amtssprachen mit Behörden in Verbindung setzen. Regional- und Minderheitensprachen genießen in der EU besonderen Schutz.
- Die wichtigsten Organe der EU sind die Europäische Kommission, der EU-Ministerrat, das Europäische Parlament und der Europäische Gerichtshof.
- Die Gebundenheit von Rechtsbegriffen an die jeweilige Rechtsordnung ist ein praktisches Problem der EU-Mehrsprachigkeit.

Grundbegriffe: Amtssprachen, Denotation, Konnotation

Weiterführende Literatur: Zum Gerichtsdolmetschen sind Lankisch (2004), Koller (1997) und Snell-Hornby et al. (2005) empfehlenswert. Für eine Übersicht über die Geschichte der EU und EU-Recht ist Wesel (2006:587 ff.) kurzweilig und lehrreich. Zur Interaktion von Rechtssystemen und Sprachsystemen in der EU sind die Sammelbände Sandrini (1999), Burr/Gréciano (2003) und Veronesi (2000)einschlägig.

7. Initiativen im Bereich ‚Sprache und Recht'

Das Recht hat stets eine sprachliche Form, ohne Sprache gäbe es kein Recht und keine Gesetze. Ohne Sprache gäbe es auch keine Möglichkeit, Rechtsgültigkeit durchzusetzen – Recht wird gesprochen. Anders verhält es sich mit den Naturgesetzen: Sie gelten, auch wenn man ihre mathematischen Formulierungen nicht kennt, sie würden auch gelten, wenn sie nie jemand mit diesen Formeln beschrieben hätte. Juristische Gesetze sind keine Naturgesetze, sie sind von menschlicher Kommunikation abhängig, nur durch Kommunikation kommen sie zustande. Anders als die universell gültigen Naturgesetze sind juristische Gesetze von willkürlichen und veränderlichen Begrenzungen wie Staatsgrenzen abhängig. Man stelle sich eine Gesellschaft ohne Gesetze vor - am Tun und Lassen mindestens eines Mitglieds dieser Gesellschaft wird ein anderes Mitglied Anstoß nehmen und dies kommunizieren, daraufhin werden Regeln für das Miteinander ausgehandelt, so kommen die Gesetze ins Leben vormals ‚gesetzloser' Gemeinschaften. Jeder, der einmal in einer WG ohne Putzplan gelebt hat, wird sich erinnern, dass auch ‚Putzgesetze' (immer wieder) nur über Kommunikation zustande kommen.

So sind Sprache und Recht zusammengehörig zu denken, und analog auch Linguistik und Rechtswissenschaft. Ein besonderes Anliegen dieses Buches ist es, Studenten der Linguistik und der Rechtswissenschaften zu verdeutlichen, wie viele linguistische Methoden und Analysetechniken es gibt und wie hervorragend sich diese Vielfalt bei einem praktischen Arbeitsfeld wie der Sprache des Rechts bewährt.

Wer sich weiter mit diesem Thema beschäftigen möchte, dem sei abschließend ein Überblick über wissenschaftliche und gesellschaftliche Initiativen im In- und Ausland an die Hand gegeben. Am Ende dieses Kapitels ist eine tabellarische Übersicht mit Webadressen.

Das älteste Projekt zu Sprache und Recht ist das *Deutsche Rechtswörterbuch*, das 1896 an der damaligen *Königlich Preußischen Akademie der Wissenschaften* begründet wurde und bis heute existiert, jetzt an der *Heidelberger Akademie der Wissenschaften.* Das Rechtswörterbuch behandelt die Sprache des Rechts vom Beginn der schriftlichen Überlieferung in lateinischen Urkunden der Völkerwanderungszeit bis etwa 1800.

In Deutschland begann eine intensivere Kooperation zwischen Juristen und Linguisten in den 1970er Jahren, als ‚Bürgernähe' und Verständlichkeit von Gesetzes- und Verwaltungssprache ein Thema wurde.

Das Projekt *Schlichtung - Gesprächs- und Interaktionsanalyse eines Verfahrens zur Lösung sozialer Konflikte* (1983-1990, geleitet von Werner Kallmeyer und Werner Nothdurft) war am *Institut für Deutsche Sprache* (IDS) angesiedelt. In diesem Projekt ging es darum, Schlichtung als ein komplexes Handlungs- und Textmuster zu beschreiben, dieses Muster in den Rahmen einer Kommunikations- und Texttypologie einzuordnen und charakteristische Ausprägungen (‚Stile') und Varianten dieses Musters herauszuarbeiten. Ein juristischer Mitarbeiter dieses Projekts, Klaus F. Röhl, hat später selbst das von der VW-Stiftung finanzierte Projekt *Visuelle Rechtskommunikation* (Universität Bochum, 2001-2003) geleitet, das die historische Entwicklung von Bild und Text in der Rechtswissenschaft verfolgt. Das römische Recht kannte keine Bilder, aber mittelalterliche Rechtsquellen waren bebildert, etwa die Bilderhandschriften des Herforder Rechtsbuchs oder des Soester Nequam-Buchs (beide 14. Jahrhundert). Am bekanntesten und am reichsten bebildert sind jedoch die Bilderhandschriften des Sachsenspiegels.

Der Sachsenspiegel ist das bedeutendste Rechtsbuch des deutschen Mittelalters. Er ist das erste große Rechtsdokument in Deutschland, das auch auf Deutsch verfasst wurde. Die Bezeichnung ‚Sachsenspiegel' ist eine Analogie: Wie man in einem Spiegel sein Antlitz sehen kann, so sollten die Sachsen in einem Spiegel Recht und Unrecht erkennen. Der Sachsenspiegel wurde im Original von Eike von Repgow zwischen 1220 und 1235 verfasst. Er wurde Vorbild für weitere Rechtsbücher (z.B. für den Augsburger Sachsenspiegel, den Deutschenspiegel oder den Schwabenspiegel). In Preußen wurde der Sachsenspiegel bis zum Erlass des Allgemeinen Landrechts 1794 angewendet; in Sachsen war er bis zum Erscheinen des Sächsischen Bürgerlichen Gesetzbuches im Jahr 1865 geltendes Recht. In Anhalt und Thüringen wurde er erst 1900 durch das Bürgerliche Gesetzbuch abgelöst und noch 1932 wurde er vom Reichsgericht Leipzig zitiert. Der Sachsenspiegel umfasst zwei Rechtsbereiche, das Landrecht (ungefähr dem heutigen Straf- und Zivilrecht äquivalent) und das Lehnrecht (vergleichbar dem heutigen Verfassungsrecht). 460 Handschriften des Sachsenspiegels sind überliefert, die schönsten sind die vier Bilderhandschriften aus Heidelberg, Oldenburg, Dresden und Wolfenbüttel. Diese Handschriften sind zwischen 1295 und 1371 angefertigt worden. Bei aller Unterschiedlichkeit verbindet sie die charakteristische und in dieser Form einzigartige Kombination aus Bild und Text. Jede Seite ist in eine Bild- und Textspalte aufgeteilt, die einander wechselseitig erhellen und deren Teile durch Initialen sichtbar verbunden sind. Ein Beispiel ist in der folgenden Abbildung zu sehen (vgl. die Pfeile):

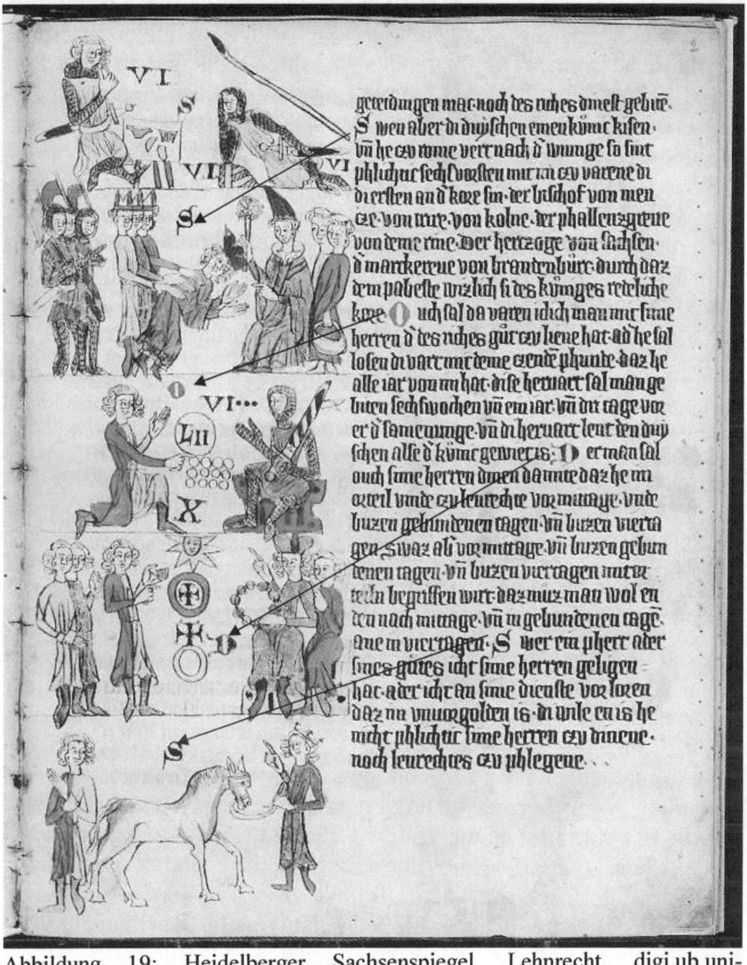

Abbildung 19: Heidelberger Sachsenspiegel, Lehnrecht, digi.ub.uni-heidelberg.de/cpg164/0003, Cod. Pal. germ. 164, fol. 2r. Mit freundlicher Genehmigung der Universitätsbibliothek Heidelberg

Das heutige Recht wird bilderlos gelehrt, aber wir leben in einer bilderreichen Zeit. Anders als Schrift wirken Bilder oft als Blickfang oder Ablenkung, sie dienen als Gedächtnisstütze und mobilisieren eher schematisches Wissen: Zeugen berichten mitunter von Details, die sie nicht beobachtet sondern aus ihrem Schemawissen ergänzt haben. Und trotz des Bewusstseins, dass Bilder lügen können, genießen sie noch immer das Vertrauen des Publikums. Die herausragende Eigenschaft der Schrift dagegen ist die Abstraktion. Wird sie durch die Verwendung von Bildern reduziert, wird es vermutlich zu einer Dominanz des einzelnen Falls und zu einer Personalisierung von Entscheidungen kommen. Bilder dienen im Zusammenhang oft in Fragen, die z. B. die Menschenrechte oder den globalen Umweltschutz betreffen, zur Skandalisierung. Wie in den USA wird durch Bilder das Recht vermutlich auch hier zur medienwirksamen Story - der Trend geht zum ‚Court-Room-Drama'. Und nicht zuletzt veralten Bilder im digitalen Zeitalter schneller als Schrift, ihre Aktualität ist dem Recht, das auf Dauer angelegt ist, fremd. Wird das Rechtssystem also an Bedeutung verlieren, weil es die Signale der Bilderflut nicht aufnehmen kann?

Aufgabe 35: Gehen Sie auf die Übersichtsseite des Lehrstuhls Röhl (www.ruhr-uni-bochum.de/rsozlog/index.html), und gehen Sie von dort aus weiter zu dem Projekt ‚Visuelle Rechtskommunikation'. Lesen Sie dort den Text über Bilder (‚Bilder.pdf', rechts unten). Welche Arten von Bildern werden dort unterschieden? Lesen Sie dann, was eine Umfrage im Rahmen des Projekts unter juristischen Hochschullehrern erbracht hat (‚Hochschullehrerbefragung.pdf', direkt über ‚Bilder.pdf'). Welche Arten von Bildern werden in der Juristenausbildung eingesetzt, welche nicht?

An der *Berlin-Brandenburgischen Akademie der Wissenschaften* existierte von 2001 bis 2004 eine von Wolfgang Klein und Rainer Dietrich geleitete interdisziplinäre Arbeitsgruppe *Sprache des Rechts. Vermitteln, Verstehen, Verwechseln,* die empirisch-psycholinguistische Untersuchungen zur Verständlichkeit der Allgemeinen Versicherungsbedingungen der Riester-Rente angestellt hat. In Bochum gibt es das IDEMA Projekt (*Internet-Dienst für eine moderne Amtssprache*) der Germanistik, geleitet von Hans-Rüdiger Fluck, das auf dem Projekt *Bürgerfreundliche Verwaltungssprache*, einer Kooperation der Universität Bochum und der Stadt Bochum, aufbaut. In Göttingen leitet Albert Busch das Projekt LiKtORA (**Li**nguistische **K**orpusanalyse als **t**extanalytische **O**ption für **R**epräsentation und **A**uswertung von Tatschreiben) in Kooperation mit dem BKA. Im Rahmen von LiKtORA wurde ein Korpus von 1.500 Tatschreiben zusammengestellt und annotiert. Dieses

Korpus soll einerseits vor Gericht für die Autorenerkennung eingesetzt werden, andererseits soll es für sprachwissenschaftliche Untersuchungen zur allgemeinen Verfügung gestellt werden.

Interdisziplinäre wissenschaftliche Tagungen zu ‚Sprache und Recht' hat es in Deutschland immer wieder gegeben, so auf den Jahrestagungen der *Deutschen Gesellschaft für Sprachwissenschaft* (DGfS) 1985 in Hamburg und 2006 in Bielefeld. Das BKA hat 1988 und 2000 größere Tagungen zur forensischen Linguistik bzw. zur Autorenerkennung ausgerichtet. Die Jahrestagung des *Instituts für Deutsche Sprache* (IDS) in Mannheim 2001 war dem Thema ‚Sprache und Recht' gewidmet. Seit 1990 richtet die *Gesellschaft für Angewandte Linguistik* (GAL) auf jeder Jahrestagung eine Sektion zur fachsprachlichen Kommunikation aus, bei der ‚Sprache und Recht' meistens vertreten ist.

Es gibt also eine Reihe von Linguisten und Juristen, die sich in Deutschland mit ‚Sprache und Recht' beschäftigen. Es existiert allerdings kein Dachverband dieser Forscher, lokale Initiativen kooperieren kaum miteinander. Zu Beginn der 1970er Jahre gab es die interdisziplinäre Arbeitsgruppe ‚Analyse der juristischen Sprache', seit den 1980er Jahren existiert die sog. ‚Heidelberger Gruppe', es gibt seit 2006 einen ‚Regensburger Arbeitskreis' sowie seit 2005 einen Rechtsschwerpunkt im Heidelberger Forschungsnetzwerk ‚Sprache und Wissen – Probleme öffentlicher und professioneller Kommunikation'. Neben den genannten vereinzelten Forschergruppen gibt es zudem mehrere Vereine: Seit 1987 gibt es die *Deutsche Gesellschaft für Gesetzgebung e.V.*, die sich für eine Verbesserung der Rechtsetzung in Bund, Ländern und Gemeinden einsetzt sowie einen Preis für gute Gesetzgebung auslobt. Seit 2005 besteht ein Verein mit dem sprechenden Namen *Recht-Verständlich e.V.*, der seine Aufgabe darin sieht, Privatleuten und Existenzgründern alltagsrelevantes Recht verständlich zu vermitteln. Eher anwendungsorientiert ist die *Deutsche Gesellschaft für Kriminalistik e.V.,* die 2002 von Dozenten für Kriminalwissenschaften an den Fachhochschulen sowie der Polizeiführungsakademie gegründet wurde.

Im anglo-amerikanischen Raum wird das Feld ‚Sprache und Recht' anders definiert und zugleich anders organisiert. Es wird weitgehend im kriminalistischen Sinn verstanden, also als Hilfswissenschaft im polizeilichen Ermittlungsverfahren. In den USA werden die hierzu nötigen Forschungsressourcen von staatlicher Seite bereitgestellt, es gibt große forensische Abteilungen am FBI und anderen Stellen, wo Linguisten auf einer Stufe mit der Spurensicherung arbeiten. In Großbritannien ist der *Forensic Science Service*

Teil des *Home Office* (Innenministerium) und hat ebenfalls die Aufgabe, die Polizei zu unterstützen. Dementsprechend wird im anglo-amerikanischen Raum vor allem gerichtsverwertbar geforscht, es geht um Sprecher- und Autorenerkennung.

Der anglo-amerikanische Forschungsfokus auf Gerichtssituationen war schon früh vorhanden. Wie in Deutschland begann auch in den USA eine intensivere Kooperation zwischen Linguisten und Juristen erst in den 1970er Jahren. Prägend was das Projekt *Law and Language* an der Duke University, bei dem Sprache vor Gericht untersucht wurde. Das Ergebnis war, dass eine Sprache, die man sonst als frauenspezifisch angesehen hatte (Oberflächenmerkmale: Häsitationen, Heckenausdrücke, Höflichkeitsformeln), vor Gericht sowohl von Männern als auch von Frauen benutzt wurde – und zwar von den Männern und Frauen, die die Geschworenen durchweg als unglaubwürdig einschätzten.

Die bekannten forensisch-gutachterlichen Arbeiten von Jan Svartvik und Malcolm Coulthard dienten ebenfalls dazu, den praktischen Wert der Linguistik in der Rechtsfindung hervorzuheben. So, wie ein DNA-Test die Unschuld eines Täters beweisen kann, kann das auch ein forensisches Gutachten. Die von Malcolm Coulthard im Jahr 2000 gegründete *International Summer School in Forensic Linguistic Analysis* hat einen kriminalistischen Schwerpunkt; sie findet (fast) immer in Großbritannien statt.

Von Großbritannien und den USA sind international operierende Forschungs-Dachverbände zu ‚Sprache und Recht' ausgegangen. Hier ist zuerst die *International Association of Forensic Linguists* (IAFL) zu nennen, die 1992 in Birmingham gegründet wurde, aber ihre Tagungen weltweit ausrichtet. Der Fokus der IAFL-Tagungen liegt auf forensischer Linguistik, Sprache vor Gericht, Mehrsprachigkeit sowie korpusbasierten Ansätzen. Die *International Association for Forensic Phonetics and Acoustics* (IAFPA) wurde 1991 in York gegründet. Die von der IAFL und IAFPA gemeinsam herausgegebene Zeitschrift ist das *International Journal of Speech, Language and Law* (früher *Journal of Forensic Linguistics*).

Etwas älter, und nicht britischen, sondern US-amerikanischen Ursprungs, ist die *Law and Society Association* (LSA, nicht zu verwechseln mit der *Linguistic Society of America*, ebenfalls LSA abgekürzt), die 1964 gegründet wurde. Zunehmend trägt die LSA ihre Jahrestagungen außerhalb der USA aus, 2007 wird die Tagung in Berlin in Kooperation mit der FU Berlin und der Humboldt-Universität stattfinden. Die LSA hat international Mitglieder und beschäftigt sich mit dem Recht im Kontext von Gesellschaft, Politik, Wirtschaft und Kultur. Es existiert eine Reihe von Netzwerken innerhalb der LSA, eines davon ist *Language and Law*, organisiert von Bethany Dumas, Larry Solan und Peter Tiersma.

Der heutige *International Round Table for the Semiotics of Law* (IRSL) ist eine Fusion aus einer europäischen und einer amerikanischen Organisation, die 2004 zusammengetreten ist. Bernard Jackson war die treibende Kraft der europäischen, an Greimas orientierten *International Association for the Semiotics of Law*. Roberta Kevelson hat in Reading (Pennsylvania) den Peirce-geprägten *Round Table for Law and Semiotics* geleitet. Die Zeitschrift der IRSL ist das *International Journal for the Semiotics of Law*.

Schließlich ist noch das *Plain-English-* bzw. *Plain-Language-Movement* zu nennen, das der Komplexität der Rechts- und Verwaltungssprache mit radikaler Vereinfachung beikommen will. Diese Bewegungen sind in den USA, Australien, Kanada und in Großbritannien fest verwurzelt, teilweise in staatlicher Hand.

Aufgabe 36: Eine Reihe von US-Bundesstaaten hat sog. ‚Plain Language Laws' verabschiedet, eine Auswahl solcher Gesetze finden Sie hier: www.languageandlaw.org/TEXTS/STATS/PLAINENG.HTM. Nehmen Sie eins dieser Gesetze, z.B. das von Connecticut. Überlegen Sie sich fünf Argumente für und fünf gegen eine solche Herangehensweise, indem Sie sich genau auf die einzelnen Gesetzespassagen beziehen. Sie können hierbei diese Texte zur Hilfe nehmen: www.ruhr-uni-bochum.de/idema/ oder www.plainlanguagenetwork.org/kimble/Anwering2.pdf.

Nun gibt es noch den stark wachsenden Bereich der Sprachtechnologie und *Künstlichen Intelligenz* (KI) im Dienst des Rechts. In Deutschland ist die ‚Informatisierung' der Jurisprudenz sicher noch am Anfang, was man auch an der geringen Zahl der Rechtsinformatik-Lehrstühle ablesen kann; weithin bekannt ist allerdings der jährlich stattfindende *EDV-Gerichtstag* im Saarland sowie die 2005 gegründete *Europäische EDV-Akademie des Rechts*. In den Niederlanden gibt es das *Leibniz Center for Law*, ein Zentrum von KI-Forschung für das Recht. Die *Foundation for Legal Knowledge Based Systems* (JURIX) ist ein Forschungsforum für Rechts- und Sprachtechnologieforscher in den Niederlanden und Flandern. JURIX organisiert Treffen für KI-Forscher und Rechtspraktiker, die allen offen stehen. Seit 1988 organisert JURIX internationale Konferenzen zu *Legal Knowledge and Information Systems*.

Aber nicht nur in den Niederlanden, auch in Österreich ist man in der Entwicklung der Rechtsinformatik weiter. Das *Internationale*

Rechtsinformatik Symposion (IRIS, vormals ‚Salzburger Rechtsinformatikgespräche') findet jährlich statt. Die *International Association for Artificial Intelligence and Law* (IAAIL) ist eine weitere KI-Recht-spezialisierte internationale Vereinigung.

Abschließend sei noch ein großes europäisches Projekt erwähnt: *Lexical Ontologies for legal Information Sharing*, 2004 gegründet. Der Zweck des Projekts ist es, mehrsprachig Zugang zu europäischen Rechtsdatenbanken zu schaffen. Die Rechtskonzepte werden zur Herstellung der Vergleichbarkeit auf eine abstrakt-allgemeine Weise konzipiert. So kann man Anfragen über das Rechtssystem eines Landes formulieren, ohne die tatsächliche verwendete Rechtsterminologie in der anderen Sprache zu kennen.

Berliner Arbeitsgruppe *Sprache des Rechts*, www.bbaw.de/sdr/
Deutsche Gesellschaft für Gesetzgebung e.V. (DGG), www.dggev.de/
Deutsche Gesellschaft für Kriminalistik e.V. (DGfK), www.kriminalistik.info/
Deutscher EDV-Gerichtstag, edvgt.jura.uni-sb.de/
Deutsches Rechtswörterbuch (DRW), www.rzuser.uni-heidelberg.de/~cd2/drw/
Europäische EDV-Akademie des Rechts (EEAR), www.eear.de
Foundation for Legal Knowledge Based Systems, www.jurix.nl/
Heidelberger Gruppe, www.recht-und-sprache.de/
International Association for Artificial Intelligence and Law (IAAIL), egovlex1.fokus.fhg.de/iaail
International Association for Forensic Phonetics and Acoustics (IAFPA), www.iafpa.net/
International Association of Forensic Linguists (IAFL), www.iafl.org/
International Summer School in Forensic Linguistic Analysis (ISSFLA), www.forensiclinguistics.net/
Internet-Dienst für eine moderne Amtssprache (IDEMA), www.ruhr-uni-bochum.de/idema/
Language and Law – Netzwerk, www.languageandlaw.org/
Leibniz Center for Law, www.leibnizcenter.org/
Lexical Ontologies for legal Information Sharing (LOIS), www.loisproject.org/
Recht-Verständlich e.V., www.verein-rechtverstaendlich.de/
The Law and Society Association, www.lawandsociety.org/

Weiterführende Literatur: Publikationen des IDS-Projekts *Schlichtung* sind Nothdurft (1995, (1997), Röhl (1987) und Schröder (1997). Die Ergebnisse der Berliner Arbeitsgruppe *Sprache des Rechts* sind in folgenden Bänden dokumentiert: Dietrich/Klein (2000), Klein (2002), Lerch (2004/ 2005). Die Sammelbände der DGfS-AGs von 1985 und von 2006 sind Hoffmann (1989), Grewendorf/Rathert (erscheint 2007), der Sammelband der IDS-Tagung von 2001 ist Haß-Zumkehr (2002). Ein Zeitschriftenband, der Beiträge der GAL-Sektion zu Sprache und Recht versammelt, ist der 36. Band von *Hermes - Journal of Language and Communication Studies* (2006).

Literatur

Die folgende Liste ist eine Auswahl, eine umfangreichere Literaturliste ist auf der KEGLI-Seite zu finden (www.kegli-online.de).

Alexy, Robert et al. (Hgg.) (2003): Elemente einer juristischen Begründungslehre. Baden-Baden: Nomos.

Alpmann/Brockhaus (Hgg.) (2004): Fachlexikon Recht. Münster: Alpmann & Schmidt, F.A. Brockhaus.

Archangeli, Diana/Langendoen, D.Terence (1997): Optimality theory. An overview. Cambridge: Cambridge University Press.

Austin, John L. (1962): How to do things with words. Oxford: Clarendon.

Baldwin, John/French, Peter (1990): Forensic Phonetics. London: Pinter.

Bohrer, Arndt (2003): Entwicklung eines internetgestützten Expertensystems zur Prüfung des Anwendungsbereichs urheberrechtlicher Abkommen. Kassel: Kassel University Press.

Bußmann, Hadumod (Hg.) (2002): Lexikon der Sprachwissenschaft. Stuttgart: Kröner.

Comrie, Bernard (Hg.) (1987): The world's major languages. London: Routledge.

Cotterill, Janet (2003): Language and Power in Court: A Linguistic Analysis of the O.J. Simpson Trial. Basingstoke: Palgrave Macmillan.

Coulthard, Malcolm/Cotterill, Janet (2004): Introducing forensic linguistics. London: Routledge.

Dern, Christa (2003): Sprachwissenschaft und Kriminalistik: zur Praxis der Autorenerkennung. In: Zeitschrift für Germanistische Linguistik 31, 44-77.

Dietrich, Rainer/Klein, Wolfgang (2000): Sprache des Rechts. Themenheft der 'Zeitschrift für Literaturwissenschaft und Linguistik', Jahrgang 30, Heft 118. Stuttgart: Metzler.

Fikentscher, Wolfgang (1975): Methoden des Rechts in vergleichender Darstellung. Tübingen: Mohr.

Gibbons, John (2005): Forensic linguistics: an introduction to language in the justice system. Oxford: Blackwell.

Gottlob, Georg et al. (Hgg.) (1990): Expertensysteme. Wien: Springer.

Grewendorf, Günther (Hg.) (1992): Rechtskultur als Sprachkultur. Zur forensischen Funktion der Sprachanalyse. Frankfurt am Main: Suhrkamp.

Grewendorf, Günther (2000): Die sprachliche Pflege des Rechts. Linguistische Aspekte der Rechtsprüfung. In: Zeitschrift für Literaturwissenschaft und Linguistik 118, 96-114.

Grewendorf, Günther (2002): "Kein Patent auf Leben!" Zur Pragmatik des Patentrechts. In: Zeitschrift für Literaturwissenschaft und Linguistik 128, 8-33.

Grewendorf, Günther/Rathert, Monika (Hgg.) (erscheint 2007): Formal Linguistics and Law. Berlin: Mouton de Gruyter.

Grice, H. Paul (1989): Studies in the way of words. Harvard: Harvard University Press.

Gruber, Thomas R. (1993): A translation approach to portable ontologies. In: Knowledge Acquisition 5, 199-220.

Haft, Fritjof (1985): Juristische Rhetorik. Freiburg: Alber.

Haft, Fritjof (1986): Aus der Waagschale der Justitia. Ein Lesebuch aus 2000 Jahren Rechtsgeschichte. München: C.H.Beck.
Hare, Richard Mervyn (1963): Freedom and Reason. Oxford: Clarendon.
Haß-Zumkehr, Ulrike (Hg.) (2002): Sprache und Recht. Berlin: Walter de Gruyter.
Hattenhauer, Hans (1987): Zur Geschichte der deutschen Rechts- und Gesetzessprache. Göttingen: Vandenhoeck und Ruprecht.
Herberger, Maximilian/Simon, Dieter (1980): Wissenschaftstheorie für Juristen. Frankfurt am Main: Metzner.
Hesse, Konrad (1995): Grundzüge des Verfassungsrechts der Bundesrepublick Deutschland. Heidelberg: C. F. Müller.
Hoffmann, Ludger (1983): Kommunikation vor Gericht. Tübingen: Narr.
Hoffmann, Ludger (Hg.) (1989): Rechtsdiskurse. Untersuchungen zur Kommunikation in Gerichtsverfahren. Tübingen: Narr.
Hollien, Harry (2002): Forensic Voice Identification. San Diego: Academic Press.
Jessen, Michael et al. (2005): Influence of vocal effort on average and variability of fundamental frequency. In: International Journal of Speech, Language and the Law 12, 174-213.
Kaufmann, Arthur et al. (Hgg.) (2004): Einführung in Rechtsphilosophie und Rechtstheorie der Gegenwart. Heidelberg: C. F. Müller.
Klein, Wolfgang (Hg.) (2002): Sprache des Rechts II. Themenheft der 'Zeitschrift für Literaturwissenschaft und Linguistik', Jahrgang 32, Heft 128. Stuttgart: Metzler.
Kniffka, Hannes (Hg.) (1990): Texte zu Theorie und Praxis forensischer Linguistik. Tübingen: Niemeyer.
Kniffka, Hannes (Hg.) (1996): Recent Developments in Forensic Linguistics. Frankfurt am Main: Peter Lang.
Koch, Hans-Joachim/Rüßmann, Helmut (1982): Juristische Begründungslehre. Eine Einführung in die Grundprobleme der Rechtswissenschaft. München: Beck.
Koller, Werner (1997): Einführung in die Übersetzungswissenschaft. Wiesbaden: Quelle & Meyer.
Kröger, Detlef/Kuner, Christopher (2001): Internet für Juristen. München: Beck.
Künzel, Hermann J. (1987): Sprechererkennung. Grundzüge forensischer Sprachverarbeitung. Heidelberg: Kriminalistik Verlag.
Kutschera, Franz von/Breitkopf, Alfred (2000): Einführung in die moderne Logik. Freiburg: Alber.
Labov, William (1977): Language in the inner city. Studies in the black English vernacular. Oxford: Blackwell.
Lankisch, Birgit (2004): Der Dolmetscher in der Hauptverhandlung. Berlin: Duncker & Humblot.
Larenz, Karl (1983): Methodenlehre der Rechtswissenschaft. Berlin: Springer.
Lerch, Kent (Hg.) (2004/ 2005): Sprache des Rechts. 3 Bände. Berlin: Walter de Gruyter.
Levi, Judith N. (1994): Language and law. A bibliographic guide to social science research in the USA. Chicago: American Bar Association.

Levinson, Stephen (1983): Pragmatics. Cambridge: Cambridge University Press.
Neches, Robert et al. (1991): Enabling technology for knowledge sharing. In: AI Magazine 12, 36-56.
Nolan, Francis (1983): The Phonetic Bases of Speaker Recognition. Cambridge: Cambridge University Press.
Nothdurft, Werner (Hg.) (1995): Streit schlichten. Gesprächsanalytische Untersuchungen zu institutionellen Formen konsensueller Konfliktregelung. Berlin: Walter de Gruyter.
Nothdurft, Werner (1997): Konfliktstoff - Gesprächsanalyse der Konfliktbearbeitung in Schlichtungsgesprächen. Berlin: Walter de Gruyter.
Nussbaumer, Markus (1997): Sprache und Recht. Heidelberg: Groos.
Olsson, John (2004): Forensic Linguistics. An Introduction to Language, Crime, and the Law. London: Continuum.
Plett, Heinrich F. (2001): Einführung in die rhetorische Textanalyse. Hamburg: Buske.
Reitemeier, Ulrich (1985): Studien zur juristischen Kommunikation. Eine kommentierte Bibliographie. Tübingen: Narr.
Röhl, Klaus Friedrich (Hg.) (1987): Das Güteverfahren vor dem Schiedsmann. Köln: Carl Heymanns.
Rose, Philip (2002): Forensic Speaker Identification. London: Taylor & Francis.
Saussure, Ferdinand de (1916): Cours de linguistique générale. Berlin: Walter de Gruyter.
Savigny, Friedrich Carl von (1840/49): System des heutigen Römischen Rechts. Berlin: Veit.
Schröder, Peter (Hg.) (1997): Schlichtungsgespräche. Ein Textband mit einer exemplarischen Analyse. Berlin: Walter de Gruyter.
Searle, John R. (1969): Speech acts. Cambridge: Cambridge University Press.
Seibert, Thomas-Michael (1977): Zur Fachsprache in der Juristenausbildung. Berlin: Duncker & Humblot.
Seibert, Thomas-Michael (1981): Aktenanalysen. Zur Schriftform juristischer Deutungen. Tübingen: Narr.
Shuy, Roger (1996): Language crimes: the use and abuse of language evidence in the courtroom. Oxford: Blackwell.
Siebs, Theodor/Boor, Helmut (2000): Deutsche Aussprache. Reine und gemäßigte Hochlautung mit Aussprachewörterbuch. Wiesbaden: VMA-Verlag.
Snell-Hornby, Mary et al. (Hgg.) (2005): Handbuch Translation. Tübingen: Stauffenburg Verlag Brigitte Narr.
Viehweg, Theodor (1974): Topik und Jurisprudenz. Ein Beitrag zur rechtswissenschaftlichen Grundlagenforschung. München: Beck.
Wesel, Uwe (2002): Fast alles, was Recht ist. Jura für Nichtjuristen. Frankfurt am Main: Eichborn.
Wesel, Uwe (2006): Geschichte des Rechts. München: C.H.Beck.
Wiesinger, Peter (1970): Phonetisch-phonologische Untersuchungen zur Vokalentwicklung in den deutschen Dialekten. Berlin: Walter de Gruyter.
Zirmunskij, Viktor M. (1962): Deutsche Mundartenkunde. Vergleichende Laut- und Formenlehre der deutschen Mundarten. Berlin: Akademie.

Glossar

Amtssprachen 21 in der EU anerkannte Sprachen
Blog tagebuchähnliche Webseite; neue Einträge stehen zuoberst
Canones Grundregeln der Auslegung
Datenbank speichert große Datenmengen und erlaubt Abfragen
Deal Verständigung im Strafverfahren
Denotation die kontext- und situationsunabhängige begriffliche Grundbedeutung
Diskursanalyse Analyse von Diskurs mit dem Fokus auf Sprachhandlungen
Ermittlungsverfahren Erster Teil des Strafprozesses
Expertensystem Software, die fachspezifisches Wissen einem Nichtexperten zur Verfügung stellt
Fallnorm Norm, bestehend aus Rechtsfolge und Sachverhalten, auf die sie anzuwenden ist
Grundfrequenz akustisches Maß für die Tonhöhe
Häsitationen Verzögerungen der Artikulation
Inferenzkomponente Teil eines Expertensystems, zieht selbständig Schlüsse (Inferenzen)
Instrumentalphonetik Analyse mit elektroakustischen Geräten
Konnotation die subjektiv und regional variable emotionale Bedeutungskomponente
Kooperationsprinzip Rede so, wie der akzeptierte Zweck des Gesprächs es erfordert (Grice)
Mündlichkeitsgrundsatz Urteile werden nur nach mündlicher Verhandlung gefällt
Norm Vorschrift, bestehend aus Tatbestand und Rechtsfolge
Ohrenphonetik Analyse durch den geschulten Hörer
Ontologien formal definierte Systeme von Konzepten und Relationen
Optimalitätstheorie Theorie der Maximeninteraktion
Präjudizien bereits entschiedene Fälle
Praktische Konkordanz juristische Methode der Lösung von Normkollisionen durch Optimierung
Rechtliches Gehör Recht auf Akteneinsicht, Äußerung, Berücksichtigung im Verfahren
Rechtsfolge in einer Norm angegebene Konsequenz
Rechtsinformatik ‚Informatik-Recht' (IT-Recht) und/oder Informatik für Juristen
RSS *Really Simple Syndication*, Abonnement von Webseiten
Sachverhalt Beschreibung von Ereignissen
Semantisches Web Erweiterung des WWW um maschinenlesbare semantische Daten
Sprachliche Handlungsmuster institutionell bedingte Abfolgen von Sprechakten
Sprechtempo sprecherspezifische Konstante
Stimmqualität Modal-, Flüster-, Knarrstimme, behauchte Stimme, Falsett
Subsumtion Anwendung der Norm auf den Sachverhalt
Syllogismus Schlussschema aus drei kategorischen Urteilen
Tatbestand Voraussetzungen für eine Rechtsfolge
Textsorten Texte mit unterschiedlichen Funktionen und Gestaltungsweisen
Voiceprint visueller Vergleich von Sonagrammen
Wiki System von Webseiten, die jeder online ändern kann; Kommunikationsplattform
Wissensbasis Teil eines Expertensystems, Speicher für problembezogenes Wissen

Sachregister

Amtsermittlungsgrundsatz 38
Amtssprachen **82f.**
Argumentum a fortiori 22
Auslegung 5, 15f., 22, 59
Bestimmtheitsgrundsatz 12
Beweisaufnahme 30, 33, 37
Blawg 62
Blog 58, **62**
Bürgerliches Gesetzbuch (BGB) 9
Bundesgerichtshof (BGH) 18
Bundeskriminalamt (BKA) 2
Bundesverfassungsgericht (BVerfG) 16
Canones **16f.**
Datenbank 3, 6, 45, **59**, 84
Deal **38**
Denotation **78f.**
Deutsch als Fremdsprache 54f.
Dialekt 41, 44, 55f., 83
Diskursanalyse 5, **31**
Ermittlungsverfahren 30, **40ff.**, 74, 91
EU-Ministerrat 84
Europäische Kommission 84
Europäischer Gerichtshof 84
Europäisches Parlament 84
Exekutive 8, 84
Expertensysteme 45, 59, **66ff.**, 72,
Eyetracking 13
Fachsprache 7ff.
Fall 14, 70, 90
Fallnorm **17**, 85
Folter 34
Gerichtsbarkeiten 26, 61, 65
Gerichtsfernsehen 24
Gerichtsverfassungsgesetz (GVG) 21
Grundfrequenz **42ff.**, 49
Grundgesetz (GG) 18
Gutachten 4f., 92
Häsitationen **46f.**, 92
Herrenreiter-Urteil 18f.
Inferenzkomponente **67f.**
Instrumentalphonetik **48ff.**
Internat. Strafgerichtshof (IStGH) 61
Konnotation **78f.**
Kooperationsprinzip **37f.**
Logik 19ff., 21
Maximen 28, 34f., 37
Mündlichkeitsgrundsatz **28**, 35, 75, 79
Muttersprache 52ff., 82
Norm **14ff.**, 34, 60
Öffentlichkeitsprinzip 24ff., 35
Ohrenphonetik **47ff.**
Ontologien **71ff.**
Optimalitätstheorie **36f.**
Präjudizien **17f.**, 22
Praktische Konkordanz **34**
Psycholinguistik 12
Rechtliches Gehör **29**, 35
Rechtsförmlichkeit 61
Rechtsfolge **14ff.**
Rechtsfrieden 28
Rechtsinformatik **59ff.**, 93
Rhetorik 21
RSS **63f.**
Sachverhalt **14ff.**
Self paced reading 13
Semantisches Web **71f.**
Sprachliche Handlungsmuster **32f.**
Sprechtempo **46f.**
Staatsgewalt 7
Stimmenanalyse 41
Stimmqualität **44**
Strafprozessordnung (StPO) 27
Subsumtion **14ff.**
Syllogismus **19**
Syntax 9f.
Tatbestand **14ff.**
Tatbestandsmerkmal 14, 62
Taxonomien 71
Terminologie 9, 12, 84, 94
Textanalyse 22, 51
Textsorte 9, **53f.**
Typologie 80, 88
Verständlichkeit 11ff., 88, 90
Verstellung 51, 56
Voiceprint **50**, 53
Wahrscheinlichkeitsaussagen 53
Wiki **65**
Wissensbasis **66ff.**
Zentrale Sprachdienste 12
Zivilprozessordnung (ZPO) 27
Zwangsversteigerung 65f.